초등수학 실험시리즈 • ⑤

수학적 창의성 증진을 위한

수학 실험 지도서

김민경 • 김혜원 • 민선희 • 박윤미 • 박은정 • 허지연 지음

TEACHING MATHEMATICS

KYOWOOSA 教友社

머리말

우리는 살아가면서 해결해야할 수많은 문제들을 만나게 된다. 사회가 복잡·다양해지면서 이러한 문제들은 기존의 학문이나 지식만으로는 해결이 불가능한 특성을 지니게 됨에 따라, 단순히 지식을 습득하는 것을 뛰어넘어 지식을 활용하여 문제를 합리적이고 창의적으로 해결하는 능력이 요구되고 있음은 두말할 것도 없다.

수학 교육에도 이런 시대적 요구가 반영되어 단순한 수학 지식의 습득이나 암기보다는 문제를 바라보는 다양한 시각, 지식의 활용과 합리적인 해결방안 모색을 가능하게 하는 '수학적 창의 인재'를 길러내는 것을 핵심 과제로 제시하고 있다. 즉, 풀이 방식을 암기하고 문제의 유형을 익혀서 해결 가능한 수학 문제들을 반복하여 풀어보는 식의 주입식 교육에서, 문제 상황을 새로운 시각으로 보고 해결방안 또한 학습자 스스로 계획, 고안해보며 창의적으로 문제를 해결하는 교육이 강조되고 있는 것이다. 따라서 이를 어떻게 발현시킬 것인가에 대한 끊임없는 연구가 이루어지고 있으며 수학적 창의성을 증진시키기 위한 연구가 다각도로 시도되고 있다.

그럼에도 불구하고 여전히 교육 현장에서는 이러한 시대적 요구를 반영하지 못하는 실정이다. 이와 같은 결과에 대하여 여러 원인이 있겠으나, 무엇보다도 실제 현장에서 활용 가능한 창의적 수업 아이디어와 프로그램의 부재를 꼽을 수 있겠다. 이에 본 저서는 '어떻게 하면 학교 현장에서 수학적 창의성을 발현시킬 수 있을까?'라는 물음으로부터 시작하여 교사가 손쉽게 활용할 수 있는 프로그램의 실제를 개발하는 것을 주요 목적으로 하였다. 저자 일동은 머리를 맞대고 수 차례의 숙고과정을 거치면서 수학을 학습하는 데 있어 실험의 방법을 적용하는 것이 학생들의 수학적창의성을 발휘하는데 적잖은 도움을 제공할 것이라 확신하게 되었다. 여기서 수학 실험 수업이란 문제 상황에서 가설을 세우고 해결방법을 계획하여 검증해 보며, 자신의 문제 해결 과정과 결과를 정당화해보는 실험의 과정을 수학에 적용해보는 것이다. 즉, 학습자 스스로 구체적 방법과 매체를 활용하여 실험 · 조작해보고 동료와의 능동적인 상호교류를 통해 자신의 검증 방안을 재검토해보는 수학 실험 과정은 수학적 창의성을 발현하기에 충분한 기회를 제공한다고 보여진다. 뿐만 아니라, 자신이 계획한대로 직접 조작해보는 활동은 수학 학습에 대한 흥미를 가지게 하여 수학을 더욱 즐겁고 재미있게 학습할 수 있는 기회를 제공할 수 있다.

본 저서의 내용은 '수학적 창의성', '수학 실험 수업'이라는 키워드를 중심으로 크게 이론적 기초와 수업의 실제로 나누어 구성되어 있다. 이론적 기초에서는 수학적 창의성 및 수학 실험 수업의 정의와 필요성, 각각에서 요구되는 요소와 설계 모형에 대해 살펴봄으로써, 수학 실험 수업을 현장에서 적용하기 위한 이론적 토대를 마련하고자 하였다. 한편 수업의 실제에서는 총 13개의 4, 5, 6학년 수학 실험 수업 아이디어와 수업 과정 안을 제시하였는데, 교사가 실제로 수업에 활용할 때 이해를 돕기 위해 활동 개요, 교육과정과의 연계성, 활동지를 포함한 수업 과정 안을 상세히 싣고자 노력하였다. 특히 개발된 수업아이디어가 해당학년뿐 아니라 관련이 있는 다른 학년, 학기가 무엇인지 제시함으로써 교사의 수업 계획에 따라 융통성 있게 활용할 수 있도록 하였다. 이를 바탕으로 교사들이 각자의 교실현장에서 수학 실험 수업을 위한 아이디어를 시도해보고, 자료를 축적해 나갈 수 있을 것이라 본다. 또한 교사와 학생 모두에게 수학 안에서 즐거움을 경험하고 스스로 생각할 수 있는 기회를 만들어주는 경험을 제공하고자 한다.

본 저서를 통해 '왜 그럴까?', '이렇게 하면 어떻게 될까?'와 같이 끊임없이 묻고 답하는 생각하는 수학 수업, 교사와 학생이 모두 즐거운 수학 수업이 되기를 기대한다. 이러한 활동들이 수학적 창의성이 발현되는 기회가 될 수 있기를 희망하며 이 책이 나오기까지 도움을 주신 모든 분들께 감사의 마음을 전한다.

저자 일동

▌차례▐

제3장 5학년 수학 실험 수업 설계 / 75

제4장 6학년 수학 실험 수업 설계 / 139

1

수학적 창의성 증진 수학 실험 수업 설계의 이론적 기초

제1절 수학교육에서의 수학적 창의성 및 수학 실험 수업의 필요성

새로운 지식의 창출과 통합적 전문성이 강조되는 21세기 사회에서 핵심역량으로 강조되고 있는 '창의성'은 인간의 가장 고차원적이며, 생산적인 지적 능력으로 인성과도 매우 관련이 깊다. 2012년에 개최된 교육기부컨퍼런스의 기조연설을 한 톰 번스(Tom Burns)는 21세기에 필요한 능력으로 "비판적 사고능력, 협업, 디지털 기술"을 제시하면서 창의성, 협력, 커뮤니케이션을 향상시킬 수 있는 교육과정이 필요하다고 강조하였다(이동호, 2012).

우리나라에서도 초 · 중 · 고등 교육단계에서 창의성이 발휘될 수 있는 교육과정을 제공하여 글로벌 창의시대에 요구되는 인재를 육성하겠다는 취지에서 2010 교육계의 핵심과제로 창의성을 강화하여 제시하였다(교육과학기술부, 2009) 특히 초등학교 수학교육의 나아갈 방향을 제시하는 데 있어서 '수학에서의 창의 · 인성 개발'을 핵심덕목 중에 하나로 다루고 있다. 일반적으로 창의성을 정의하는데 있어서 공통적으로 새로움(new)과 가치(value)를 언급하고 있지만 수학에서의 창의성을 발휘하는 부분에 대해 학자들마다의 의견은 상이하다. 창의성을 "인간의 사고 아래에 놓은 정신적 표상과 과정(Sternberg, 2000)"으로 보면서 문제 해결이라고 해석하거나, "개인적 활동의 산물(Treffinger, 2002)" 또는 사회적 · 문화적 측면을 함께 고려한(Csikszentmihalyi, 1988) 경우도 있다.

창의성을 일상적 관점과 전문적 관점으로 구분하는 경우(정은이, 2002), 수학에서의 창의성은 일상적인 상황에서 나타나는 창의적인 사람, 사물, 아이디어, 행동과는 구별되는 전문적 영역에서 인정받는 수준에 도달하는 것으로 해석하였다. 이와 다르게 수학수업이 진행되는 교실에서 일어나는 활동들 - 즉 기호, 상징, 연산 및 문제를 만들어 가거나 무엇인가를 만들어 내는 일련의 활동을 창의적 관점에서 해석하여 의미를 생성하는 것(Haylock, 1987)이 수학적 창의성으로 인식하는 관점도 있다.

수학적 창의성에 대한 초등교사들의 인식 연구(이혜숙 외, 2012)에 따르면 대부분의 초등교사들은 수학에서의 창의성이란 "다양한 문제해결 방법 및 문제해결력"이라고 응답하고 있어 전문적인 관점보다는 일상적인 관점에서의 접근하고 있는 것을 알 수 있다. 교육과학기술부(2009)에서는 수학적 창의성을 "주어진 수학적 문제 상황을 이해하거나 해결하는 과정에서 발휘되는 독창적이고 참신하며 정교하고 유연한 사고능력"이라고 정의하고 있다. 이를 위해 초등수학교육에서 창의성을 기르는 방법으로 학생들로 하여금 각자의 수준에서 아이디어를 도출하고, 나름의 전략으로 문제를 해결하고 독특한 생각을 할 수 있게 장려하고 있다.

Bolden 외(2010)에 따르면, 교실환경에서 수학적 창의성이란 수학적인 의사소통과 표현, 의미를 구성하는데 다른 개인적 이해의 발달, 문제를 해결하는 방법을 만들어 내는 것, 수학적 상황 및 결과들에 대한 가설을 설정하고 평가를 구성하는 것, 복잡한 문제를 계산하는 방법을 찾아내는 과정에서 나타날 수 있다고 지적하였다. 그렇기 때문에 전통적으로 수학을 학습하는 것과 같이 반복적인 계산 훈련 또는 규칙의 암기를 통한 적용 등이 아닌 수학자들이 문제를 해결하기 위해 다양한 가설과 실험을 진행하는 것처럼 학생들에게도 수학을 이용한 실험을 할 수 있는 환경을 제공하는 것이 필요하다고 언급하였다. 그렇기 때문에 교실에서 학생들이 다양한 생각과 아이디어를 발휘할 수 있게 하고, 각자가 가지고 있는 지식과 기능, 기술 등을 실제 문제 해결에 적용할 수 있게 하기 위해서는 수학자들이 수학을 연구하는 것과 같은 환경을 제공하는 것이 필요(Mann, 2006)하며, 창의적으로 가르치기 위해서 자원과 테크놀로지를 활용(Bolden

외, 2010)하는 것이 중요하다.

수학 실험은 학생들을 중심으로 다양한 활동을 경험하게 하고, 학생들에게 설명이나 모둠 활동, 문제 해결 등을 중심으로 해 나가는 활동이라는 측면에서 학생들이 수학적인 문제 상황에서 수학적 개념이나 원리를 바탕으로 문제 해결을 위한 다양한 아이디어를 수집하고 해결해 가는 과정을 통해 수학적 창의성 발현이 가능한 수업이라고 보여진다.

제2절 수학적 창의성의 요소

최근 들어 수학교육 현장에서는 급변하는 사회에서 학생들에게 필요한 능력 및 소질 함양을 위해 창의성에 대해 다각적으로 접근하고 있다. 수학적 창의성을 사고의 관점에서 해석하는 경우(Krutetskii, 1976)는 사고과정의 융통성과 사고과정의 방향성을 신속하고 자유롭게 재구성하는 능력으로 보거나, 일상적 문제 해결의 관련된 사고(Newell 외, 1962)로 정의하는 부분에서는 사고력을 신장시키는 관점에서 창의성을 접근하였다. 수학에서의 창의성을 수학문제를 해결하기 위한 지식과 기능, 창의적으로 해결하려는 동기, 새롭고 적절한 수학적인 산출물 또는 결과를 이끌어내는 능력(김경자 외, 2005)으로 정의하는 경우에는 실제 수업에 있어서 동기유발 및 지식과 기술을 적용하여 결과를 도출하는 전반에 걸쳐 교사가 어떻게 창의적으로 교실환경을 조성하고 학생들을 도와줄 것인지가 중요하게 작용한다.

수학적 창의성의 요소에 대한 학자들이 제시하는 요소들(김부윤 외, 2005; 사이토 노부루, 1999)은 다음과 같다.

〈표 1〉 김부윤 외(2005)의 수학적 창의성 하위요소 5가지

확산성	양적으로 많은 아이디어를 산출하는 능력으로 그 아이디어의 결과는 상관이 없다. 정답이든 오답이든 일단은 비판을 보류하고 그 아이디어를 수용한다는 뜻이다.
논리성	많은 아이디어 중 문제상황에 직면했을 때 해결 방안으로 가능한 아이디어를 산출하는 능력이다.
유창성	완전히 비논리적이거나 계산이 틀렸다거나 도저히 수용할 수 없는 아이디어를 산출하는 능력이라고 할 수 있다.
유연성	아이디어를 공통적으로 성질에 의해 한데 묶어 같은 범주로 생각함을 의미한다.
독창성	기존의 사고방식이나 다른 사람의 문제해결 방법을 탈피한 독특한 자신만의 아이디어를 발현하는 것을 말한다.

〈표 2〉 사이토 노부루(1999)의 창의성의 하위요소 7가지

확산성	가능성이 있는 모든 방법을 생각하거나 일견 관계가 있어 보이는 것으로부터 관계를 발견하거나 다른 사물과 비교하여 생각하는 태도
논리성	내용 전체의 연결성을 생각하거나 줄거리를 내세워, 그 이유나 사고과정을 논리적으로 설명하는 태도
적극성	해결에 이르기까지 몇 번이나 생각하거나 의문이나 호기심을 품거나 그것을 추구하거나 학습한 것을 다른 장면에 적용하는 태도
독자성	새로운 아이디어를 생성하기 위한 기존의 방법에 대한 반론, 새로운 방법을 궁리하거나 번쩍임을 중요하게 생각하는 태도, 스스로 생각한 내용에 대한 자신감을 가지는 태도나 발견에 대해서 감동하는 태도
집중성 지속성	뭔가 기어코 완성한다라고 하는 강한 의미, 의욕, 의문이나 과제에 대해 시간을 잊고 생각하거나 열중하거나 그러한 것을 지속하여 생각하거나 하는 태도
수렴성	창조활동에 있어서 확산적 사고를 한 후, 다른 방법과의 공통성이나 다른 것을 생각하여 어떤 방법이 가장 적절한가를 생각하는 태도
정밀성	정확성, 주의깊음, 세밀한 관찰력을 발휘하고자 하는 태도

한편 수학적 창의성에 대한 요소들에 대한 초등교사들의 응답(이혜숙 외, 2012) 결과를 살펴보면, 초등교사들은 수학적 창의성에 대해 인지, 사고적 측면만이 아닌 성격, 의사소통 능력이 중요하게 생각하고 있다는 것을 알 수 있다.

- 사고력: 확산적 사고, 자유로운 사고, 분석력, 유연성
- 문제인식: 문제 재정의, 다양한 표상으로 문제 인식, 빠른 이해, 직관, 새로운 인식, 규칙과 특성 발견(수학적 발견)
- 수학적 능력: 수학적 지식, 수학적 원리 이해, 수학적 아이디어, 숙련된 연산능력, 다른 것과 연관짓는 능력, 영역간 혼합

- **문제해결력**: 다양한 문제해결력, 창의적 문제해결, 비정형화된 해결, 타당성, 논리성, 변형, 응용, 정확성, 독자적 풀이, 자신만의 방법, 새로운 방법, 실생활 문제 해결, 논리성, 빠르고 정확한 문제해결
- **의사소통**: 풀이과정 설명가능, 자신 있게 설명, 말하기 좋아함.
- **성격**: 선천적으로 창의적임, 포기하지 않음, 즐거움, 끝까지 해결, 몰입, 수학에 흥미, 도전의식, 유머, 재치, 반복을 싫어함, 호기심, 도전심
- **표상**: 다양한 표현으로 발표, 자신만의 수학적 용어 사용, 그림 등을 이용
- **기타**: 많은 독서량

그 외 예비교사들의 경우 '창의성을 가르치기'보다는 '창의적으로 가르치기'가 더 중요하다고 응답(Bolden 외, 2010)하였고, 중등교사들의 경우 지능이 어느 정도 이상 필요하며, 해당 분야의 관련지식이 풍부해야 한다고 인식(김홍권, 2003)하는 것으로 나타났다. 이와 같은 의견들을 종합해 볼 때, 수학적 창의성의 요소는 인지적 요소와 정의적 요소를 모두 포함하고 있으며, 다만 창의성이 새롭고 적절한 것을 의미한다는 점에서 남과는 다른 독특한 해결방법을 찾아내기 위하여 자신만의 해결방법을 찾기 위한 토대를 마련할 정도의 기초지식과 상황판단을 위한 사고능력은 필수라고 할 수 있다.

제3절 수학 실험 수업

1) 수학 실험 개념

수학 실험은 다양한 수학 활동을 통하여 학생들에게 도전적인 과제를 제공하여 학생으로 하여금 수학을 표현하고, 과제와 관련된 다양한 방법들을 개발하면서 구체적인 상황에 적용하게 하는 것이다. 학생 자신의 문제 해결 과정을 설명하도록 함으로써 수학적 사고력은 물론 수학적 창의성의 신장을 가져오는 것을 목적으로 하고 있다. 이 과정에서 학생들의 수학적 창의성이 충분히 발현될 수 있도록 수학 실험 수업을 구상하는 것은 매우 중요하다. 학생이 주도적으로 수업에 참여하도록 교사는 수업의 목표와 활동을 분명히 알고, 학습 내용과 필요한 학습 자료, 자료 사용 계획 및 학생 활동 관찰 계획, 실험 보충 자료에 이르기까지 필요한 수업 준비를 철저히 해야 한다. 일반적으로 실험 수업이 과학학습에서 주로 실시되는 학습 형태인 만큼 수학 실험의 수업 모형을 개발하기 위해 그 학습모형을 과학실험 학습모형에서 가져오고자 한다.

실험이라는 학습 과제는 학생들이 직접 계획하고, 수행하고, 의사소통하는 과정을 통해 이루어지므로 지필환경에서 이루어지는 수업에 비해서 더욱 즐거워하는 모습을 관찰할 수 있는 장점을 가지고 있다. 이런 이유로 다양한 과학적 주제에서 "실험 수업"을 중심으로 한다.

이런 맥락에서 본 책은 수학에 대한 문제풀이의 지루한 기존 생각에서 벗어나고자 하였다. 수학도 과학처럼 직접 경험하고, 구체적으로 느끼며, 결과를 찾는 실험의 개념을 접목하였다. 수학적 개념을 실생활, 구체적 조작물, 직접 체험 중심으로 설계하여 수학에 대한 흥미와 관심을 높이는 기회를 제공하고자 한다.

2) 수학 실험 수업 모형

수학 실험 수업 모형은 과학과의 실험 모형을 바탕으로, 학생들에게 과제를 제공, 수학적 문제 탐색, 표현, 과제와 관련된 다양한 방법들을 가설과 관련하여 개발, 실험하고, 자신의 해법을 설명하도록 함으로써 수학적 논리성, 창의성을 증진시킨다. 이에 학생들의 수학적 창의성이 충분히 발현될 수 있도록 수학실험 수업을 구상하는 것은 매우 중요하다. 일반적으로 실험 수업이 과학학습에서 주로 실시되는 학습형태인 만큼 수학 실험의 수업 모형을 개발하기 위해 그 학습모형을 과학실험 학습모형에서 가져오고자 한다.

3) 과학에서의 실험학습 모형

a. 가설검증 모형

이 모형은 주어진 문제 상황에 대한 가설을 세우고, 실험을 통해 이를 검증하는 수업모형으로 모형의 각 단계는 아래와 같다(김광수, 정완호, 1996).

탐색 및 문제발견 → 가설 설정 → 실험단계 → 실험 및 가설검증 → 적용 및 발전

b. 구성주의적 실험수업 모형

이 모형은 설명과 예측활동 이후에 실험을 통해 자신의 예측과 비교하고, 다른 학습자의 토론을 통하여 자신의 생각을 과학적 개념을 구성하는 것으로 각 단계는 아래와 같다(정재룡, 2000).

설명 및 예측 → 실험 및 관찰 → 토론 → 적용

c. 피드백을 활용한 과학실험학습 모형으로 E-DEAR 모형

이 모형은 문제인식과정인 참여단계(Engagement)와 실험수행 및 해석 단계인 DEAR단계로 구성된다. DEAR단계란 설계(Design), 실험수행(Experiment), 자료해석(Analysis), 반성(Reflect)을 의미한다(양희선, 2008).

들어가기 (Engagement)	→	계획하기 (Design)	→	실험하기 (Experiment)	→	자료해석 (Analysis)	→	반성하기 (Reflect)

각 모형의 공통 단계를 살펴보면, 문제인식/이해 → 가설 수립/계획하기 → 실험 → 가설 검증 → 결론의 일반화로 구성되어 있다. 과학과 달리 초등 수학 학습에서는 발견한 수학적 원리와 법칙을 일반화시키기 보다는 수학적 정당화와 표현을 하도록 유도하는 것이 적합하며, 이 과정에서 다른 학습자들과 수학적 의사소통을 하는 것이 주요한 과제가 될 것으로 보인다. 따라서 수학 실험 모형 개발에 정당화와 표현 단계를 포함시키고자 하였다.

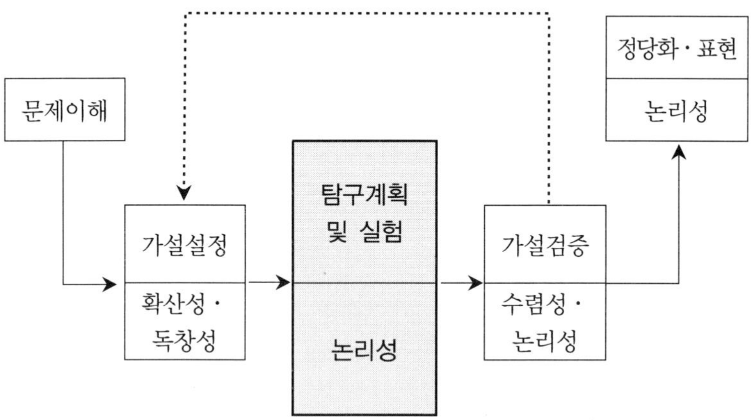

절차	수업내용	활동 유형	수학적 창의성 요소
문제이해	• 동기유발 및 과제제시 • 문제상황 확인	학급 전체 토의	확산성
가설설정	• 문제상황을 통해 가설 설정 (과제유형에 따라 교사가 초안을 제시할 수 있음)	개인 및 짝 활동 전체토의	확산성 독창성
탐구계획 및 실험	• 설정된 가설에 따라 실험을 통해 결과 확인 • 필요 시 1가지 이상의 탐구실험이 진행될 수 있음	짝 활동, 모둠 활동	논리성
가설검증	• 탐구실험을 통해 획득한 결과를 이용하여 가설을 검증하고 수정함	전체토의	논리성 수렴성
정당화/표현	• 모둠별 결과 발표 • 그 결과에 대해 논의하고 적절성에 대해 토의	전체토의	논리성

본 책에서는 수학적 창의성을 신장시키기 위하여 수학적 창의성의 하위 요소에 대한 학자들의 논의에 바탕으로 두어 본 수학 실험에서는 수학적 창의성의 하위 요소로 확산성, 독창성, 수렴성, 논리성, 유연성 이 다섯 가지를 기본으로 고려하여 다음과 같이 수학 실험 모형을 개발하였다.

- 문제 이해 단계는 학생들이 주제학습을 하기 전에 동기를 유발하고 문제 상황을 이해하는 단계이므로, 주어진 문제를 이해하고, 무엇을 해결해야 하는 지에 대해 파악하는 단계이기에 학급 전체적인 활동으로 구성된다.

- **가설설정 단계**는 문제 상황에서 문제를 해결하기 위한 가설을 세우는 단계이다. 가설은 어떠한 원인으로 인해 결과가 생길 것이라는 나름대로 근거를 가지고 추측을 하는 단계이다. 학생들이 정확한 근거를 가지고 가설을 세우는 것은 아니지만 수학적인 사고와 적절한 근거를 통해 자신의 생각을 추정해 보는 단계이다. 즉 학생들은 가설을 세우기 위해 자신이 가진 수학적 지식을 바탕으로 다양한 생각을 하게 되며 이 과정에서 남들과 다른 나만의 생각을 찾아낼 수 있기에 수학적 창의성의 요소인 확산성, 독창성이 나타나게 된다. 가설을 설정하는 것이 학생들에게는 낯설고, 과제의 특성상 가설을 세우는 활동이 힘든 주제에서는 굳이 학생들이 주제를 세우지 않고, 교사와 함께 가설을 세우거나 교사가 제시해 주는 활동으로 구성할 수 있다. 따라서 가설 설정은 개인, 짝, 모둠, 전체 모든 형태로 제시가 가능하다.
- **탐구 실험 단계**에서는 설정된 가설에 따라 실험을 해 가는 단계이다. 주어진 가설을 실험하기 위한 실험 계획은 세우고, 계획에 맞게 실험을 해 가는 과정을 통해서 결과를 정리하는 단계이기에 학생들에게 논리적으로 사고하여 실험을 해야 하는 수학적 창의성 요소인 논리성이 나타나게 된다. 이는 개인이 하는 활동보다는 짝이나 모둠 활동으로 해 보도록 구성하였다.
- **가설 검증 단계**에서는 탐구실험을 통해 얻은 결과를 이용하여 가설을 검증하고 수정해 가는 단계이다. 탐구실험의 결과가 옳게 나왔다면 가설 설정이 바르게 되었음을 인식하고 왜 그런지에 대한 이유를 생각해 보게 된다. 그러나 결과가 옳게 나오지 않았다면 가설 설정이 잘못됐음을 인식하고 가설 설정 단계로 되돌아가 다시 적절한 가설을 세우게 된다. 이러한 과정에서 가설과 결과의 관계를 생각해 보고, 다른 모둠들과 결과를 정리해 가는

과정 속에서 서로 다른 의견 및 같은 의견을 정리해 보고 자신의 의견을 수정해 가는 과정이 나타나기에 수학적 창의성 요소인 논리성 및 수렴성이 나타나게 된다. 이 과정은 모둠별로 결과를 발표하고 나누는 과정으로 전체토의 활동으로 구성하였다.

- 정당화 및 표현 단계에서는 결과에 대해 논의하고 적절성에 대해 토의를 나누는 활동으로 수학적 창의성 요소인 논리성이 나타나게 된다. 이 단계는 전체토의 활동으로 구성하였다.

4) 실험 수업의 구성

학년	순번	주제	핵심개념	활동
4	4-1	멀리, 높이, 쉽게	자료수집 및 정리	• 공을 이용한 실험을 표와 그래프로 정리하기
	4-2	알록달록 모양 명탐정	규칙발견	• 생활 속 도형의 원리 살펴보기
	4-3	즐거운 퍼즐나라	게임 전략	• 다양한 퍼즐에 숨겨진 수학 알기
	4-4	우유의 비밀	들이비교	• 생활 속 용기의 들이 비교를 통해 용량에 대해 알아보기
5	5-1	종이비행기 세상	자료 수집 및 정리	• 다양한 경우의 실험을 통해 종이를 이용한 자료의 정리 알아보기
	5-2	신비로운 신체의 비밀	규칙성, 측정	• 우리 몸에 숨겨진 수학적 비밀 살펴보기
	5-3	성벽을 쌓아라!	규칙 표현 대수식 표현	• 성벽의 규칙과 길이를 대수식으로 표현해보기
	5-4	네비게이터	자료 표현	• 네비게이션의 개념을 응용하여 올바른 위치 찾아보기

학년	순번	주제	핵심개념	활동
6	6-1	신기한 수	수 체계	• 진법 해석을 통한 수체계 이해하기
	6-2	Happy π day	원주율	• 파이의 원리를 알고 여러 파이 행사 체험하기
	6-3	자동차경주	거리, 시간, 속력의 관계	• 레고 모형을 이용한 수학적 개념(거리 및 속력) 알아보기
	6-4	아이가 커졌어요!	비례식	• 비례를 활용하여 연극에 쓸 아기 발자국 확대해보기
	6-5	어디까지 보이나	공간감각	• 보는 위치에 따라 달라지는 위치, 시야에 따른 알맞은 위치 찾기

2

4학년 수학 실험 수업 설계

제1절 높이, 멀리, 쉽게

■ 활동 개요

1. 목표

1) 높이에 따라 공이 튀는 높이를 재는 실험을 설계할 수 있다.
2) 공을 멀리 굴릴 수 있는 조건을 찾아 실험을 설계할 수 있다.
3) 실험 결과를 보기 쉬운 자료의 형태로 나타낼 수 있다.
4) 실험을 설계하고 실행하는 과정에서 의사소통 능력과 수학적 사고력을 키울 수 있다.

2. 내용

본 활동은 실험을 통해 자료를 수집하고 자료를 보기 쉽게 표현해 보는 것이다. 주요 활동은 높이에 따라 공이 튀어 오르는 높이를 확인하는 실험과 공을 멀리 굴릴 수 있는 조건을 찾아 실험을 설계한 후, 두 개의 실험 결과를 보기 쉽게 표현할 수 있는 방법을 고민하여 그래프로 나타내도록 구성되어 있다. 이 활동들을 통해서 학생들은 실험을 하며 얻은 결과 중 어떤 값을 실제 값으로 정하고, 어떤 방법으로 표현할지를 고민하는 수학적 사고 과정을 거치며, 조건에 맞는 실험을 직접 설계하고 실행해 가는 과정 속에서 모둠원들과 상호 협동과 의사소통하는 경험을 하게 된다.

차시	주요 탐구실험 내용	주안점
1	• 튀어라! 높이! - 두 개의 공을 각각 높이를 다르게 하여 공을 튕긴 후, 튀어오른 높이 나타내기	수학적 사고 및 의사소통 활동
2	• 굴려라! 멀리! - 공을 멀리 굴릴 수 있는 조건을 고려하여 실험을 설계하기 - 실험 설계 실행에 따른 결과값 정리하기	수학적 사고 및 의사소통 활동
3	• 보여라! 쉽게! - 공을 굴린 자료를 보기 쉬운 방법으로 나타내기 위해 어떻게 표현을 하면 좋을 지 고려하여 나타내기	수학적 사고

■ 교육과정과의 연계성

본 주제는 실험을 통해 결과를 표현하는 내용이기에 측정 및 통계영역과 관련된 수학실험이다. 측정 영역에서는 높이와 길이를 잴 수 있어야 하고, 길이의 단위를 이해하고 있어야 하는데 학생들은 이러한 내용은 2학년 길이재기 단원에서 다뤄지고 있다.

통계영역에서는 자료를 모은 후, 보기쉽게 표현해야 하는데 학생들은 3, 4학년에서 막대 그래프, 꺾은선 그래프를 학습한다. 그래프에 대한 이해를 바탕으로 공을 멀리 굴릴 수 있는 조건을 찾아 그에 맞는 그래프를 표현해야 한다. 학생들은 실험 결과를 어떤 그래프로 표현하는 것이 적절한 지를 선택해야 하며 이 경우 어떤 이점이 있는지에 대해서도 고려해야 하기에 두 그래프를 모두 배운 후에 학습을 할 수 있는 4학년 실험 수업으로 구성하였다.

자료 정리

2-2-3

- 길이 재기
  - 자를 이용하여 길이 재기
  - 1cm, 1m 이해하기
  - 길이 어림하기

→ 공굴리기 및 튕기기

3-2-7

- 자료정리
  - 막대그래프

4-2-6

- 수의 범위와 어림
  - 올림과 버림

4-2-7

- 꺾은선그래프

→ 측정 결과 정리 및 분석

교사를 위한 TIP

- 공을 튕긴 후, 값을 측정하는 것이 학생들마다 차이가 나기 때문에 어떤 값을 취할 지에 대해 학생들이 논의를 할 수 있는 시간을 충분히 제공해 주고, 시간의 여유가 있다면 여러 번 측정을 한 후 적절한 값으로 결정하여 결과를 정리할 수 있게 한다.
- 공을 멀리 굴리는 실험에서는 공이 생각보다 멀리 굴러가기 때문에 넓은 공간이 필요하다. 따라서 교실에서 실험을 설계하고, 실험은 편평하고 넓은 곳에서 하는 것이 더 좋은 실험 결과 값을 얻을 수 있다.
- 아직 평균에 대하여 학습이 되지 않았기에 여러 번의 실험 결과 중 더 멀리 간 측정값으로 결과를 나타내도록 지도한다.
- 실험에서 모둠 원들의 역할을 미리 계획하여 분담하도록 하여 원활한 실험 활동이 이루어지도록 안내한다.

■ **교수-학습 과정안**

<table>
<tr><td>활동주제</td><td colspan="3">튀어라! 높이(1/3)</td></tr>
<tr><td>학습목표</td><td>1. 높이에 따라 공이 튀어오르는 높이를 재는 실험을 설계할 수 있다.
2. 공이 튀어 오르는 높이를 측정하여 비교할 수 있다.</td><td>학습 자료</td><td>골프공, 테니스공, 전지 모눈종이, 색연필</td></tr>
<tr><td>펀매스 실험과정</td><td colspan="3">교수학습 활동 내용 및 수업의 전개</td></tr>
<tr><td>문제이해</td><td colspan="3">■ 준비 활동(학급 전체 토의)
1) 동기 유발
• 공으로 할 수 있는 여러 가지 일들 상상해 보기
• 여러 가지 공을 튕겨 보면서 공은 항상 같은 높이만큼 튀어 오르는지, 높이 튀어 오르기 위한 조건 등에 대해 생각해 보기
2) 문제상황 확인
• 골프 공과 테니스 공을 높이를 달리하여 튕겨 보았을 때, 어떤 공이 더 높이 튀어 오르는지 이야기나누기</td></tr>
<tr><td>가설설정</td><td colspan="3">■ 가설설정활동(개별 활동)
• 가설을 세운 이유에 대해 얘기 나누기

골프공과 테니스 공 중 어떤 공이 높이 튕길까? 항상 그럴까?</td></tr>
<tr><td>탐구실험</td><td colspan="3">■ 탐구실험활동(모둠 활동)
• 모둠별로 각각의 관계를 알아보기 위한 실험 설계를 계획하기
- 4인 1조가 되어서 전지 모눈종이에 가로와 세로에 적을 내용 정하기
- 모눈종이를 벽에 붙이기
- 높이를 달리하여 번갈아가며 골프공과 테니스공을 떨어뜨려보면서 튀어 오르는 높이 표시하기</td></tr>
</table>

탐구실험	• 골프공과 테니스 공을 각각 높이를 다르게 하여 공을 튕겨 보며 튕긴 높이를 표로 정리하기 - 같은 높이에서 측정한 여러 번의 값들 중 어떤 값을 결과로 정리할지에 대해 논의하기 • 자료를 통해서 알 수 있는 사실의 내용을 정리하기
가설검증	■ 가설검증활동(모둠 활동) • 기록된 표와 모눈종이를 살펴보면서 골프공과 테니스공 중 어떤 공이 높이 튕겼는지 확인하기 • 가설에서 예측한 것과 일치하는 것이 있는 지를 확인하고, 예측하지 못했던 것을 찾아서 정리하기
정당화 및 표현	■ 정당화 및 표현활동 • 기록을 통해서 알 수 있었던 일을 정리하고, 왜 이런 결과가 나왔는지에 대해 생각하고 정리해 보기

<table>
<tr><td>활동주제</td><td colspan="3">굴려라! 멀리(2/3)</td></tr>
<tr><td>학습목표</td><td>1. 공이 멀리 갈 수 있는 실험을 설계할 수 있다.
2. 공을 멀리 굴릴 수 있는 조건이 무엇인지 알 수 있다.</td><td>학습 자료</td><td>1m 이상의 줄자, 골프공, 테니스 공, 길이와 너비가 다양한 받침대</td></tr>
<tr><td>펀매스 실험과정</td><td colspan="3">교수학습 활동 내용 및 수업의 전개</td></tr>
<tr><td>문제이해</td><td colspan="3">■ 준비 활동(학급 전체 토의)
1) 동기 유발
• 물놀이 할 때, 슬라이딩을 하는 모습을 떠올려보기
• 더 멀리 슬라이딩을 할 수 있는 지 방법에 대해 생각해보기
2) 문제상황 확인
• 공을 굴릴 때, 공이 멀리 굴러 갈 수 있는 조건(받침대의 기울기, 받침대의 길이 등)은 무엇인지 생각해보기</td></tr>
<tr><td>가설설정</td><td colspan="3">■ 가설설정활동(개별 활동)
공을 가장 멀리 굴리기 위해서 조건들을 어떻게 구성해야 하나요?
• 가설을 세운 이유에 대해 얘기 나누기(한 가지 조건으로 실험 계획을 세울지, 아니면 2개 이상의 조건들을 복합적으로 계획을 세울지를 고려하기)</td></tr>
<tr><td>탐구실험</td><td colspan="3">■ 탐구실험활동(모둠 활동)
• 모둠별로 각각의 관계를 알아보기 위한 실험 설계를 계획하기
- 2인 1조가 되어서 가설을 세운 조건에 맞는 받침대의 너비에 따라, 공을 굴리는 높이에 따라, 공의 무게에 따라 공이 굴러가는 거리를 측정하는 실험을 설계함
- 줄자를 벽에 붙여서 높이를 정하도록 하고, 굴러 간 거리는 줄자를 이용하여 측정함</td></tr>
</table>

탐구실험	• 공을 가장 멀리 굴리기 위해 필요한 조건을 달리하였을 경우 나타난 자료를 표로 나타내기 - 같은 높이에서 측정한 여러 번의 값들 중 어떤 값을 결과로 정리할지에 대해 논의하기 • 모둠별 활동을 통해서 조건을 달리하였을 경우들을 비교하는 활동을 통해서 자료를 통해서 알 수 있는 사실 정리하기
가설검증	■ 가설검증활동(모둠 활동) • 짝끼리 기록된 표를 살펴보면서 공을 멀리 굴릴 수 있는 경우에 대해 내가 세운 가설과 일치하는 지 확인하기 • 가설이 일치하지 않을 경우, 그 이유가 무엇인지 생각해 보고, 결과를 바탕으로 어떻게 하면 최대한 멀리 굴러갈 수 있을 지에 대한 생각해보기
정당화 및 표현	■ 정당화 및 표현활동 • 전체 토의를 통해 다른 조에서 달리 한 조건과 실험방법들을 살펴보면서 어떤 경우에 공이 가장 멀리 굴러갈 수 있는지에 대해 생각해 보기

<table>
<tr><td>활동주제</td><td colspan="3">보여라! 쉽게(3/3)</td></tr>
<tr><td>학습목표</td><td>1. 공을 튕긴 자료와 굴린 자료를 보기 쉬운 자료의 형태로 제시하기 위한 방법을 찾아 나타낼 수 있다.</td><td>학습
자료</td><td>모눈종이, 자</td></tr>
<tr><td>펀매스
실험과정</td><td colspan="3">교수학습 활동 내용 및 수업의 전개</td></tr>
<tr><td>문제이해</td><td colspan="3">■ 준비 활동(학급 전체 토의)
1) 동기 유발
• 피겨스케이팅을 하고 난 후 점수를 어떻게 제시해주는 지 살펴보기
• 음성과 표 중 어떤 것이 점수를 더 잘 확인할 수 있었는지 생각해보기
2) 문제상황 확인
• 공을 튕기고(실험 1), 굴린 자료(실험 2)를 보기 쉽게 표현하는 방법에는 무엇이 있을지 생각해 보기</td></tr>
<tr><td>가설설정</td><td colspan="3">■ 가설설정활동(개별 활동)
공을 튕기고, 굴린 자료를 보기 쉽게 표현하는 방법에는 무엇이 있을까?
• 표로 제시하는 활동을 했기 때문에, 다른 방법으로 표현하는 방법을 생각해 보도록 하고, 표로 나타낼 경우, 어떤 방식으로 정렬하여 나타내는 것이 좋은지 생각해보고 결정하도록 하기</td></tr>
<tr><td>탐구실험</td><td colspan="3">■ 탐구실험활동(짝 활동)
• 표에 나타난 자료를 보기 쉽게 나타낼 수 있는 방법으로 표현하기
- 실험1과 실험 2의 자료에 어울리는 표현방법 생각하기
- 모눈종이 위에 그릴 그래프 정하기
- 가로와 세로에 놓아야 하는 조건, 눈금 간의 간격 등을 생각하여 그래프로 나타내기</td></tr>
</table>

가설검증	■ 가설검증활동(모둠 활동) • 짝과 그린 그래프가 공을 튕기고 굴린 자료를 보기 쉽게 나타냈는지 모둠원들끼리 토의하기 • 모둠별로 잘 나타낸 자료를 선정하기
정당화 및 표현	■ **정당화 및 표현활동** • 모둠별 그래프를 확인해 보면서 가장 자료를 보기 쉽게 나타낸 것 찾기 • 자료를 보기 쉬운 이유가 무엇인지 생각하여 토의하기

■ 활동지

즐거운 수학 실험

높이, 멀리, 쉽게

활동 1 튀어라 높이

• 가설 세우기

1. 골프공과 테니스 공 중 어떤 공이 높이 튕길까? 항상 그럴까요? 자신의 생각과 그 이유를 함께 적어봅시다.

〈가설〉

〈왜 그렇게 생각했나요?〉

• 탐구 실험

1. 결과정리

튕긴높이 (튀어오른 높이)									
	1회	2회	결과	1회	2회	결과	1회	2회	결과
골프공									
테니스공									

2. 자료를 통해 알 수 있는 내용을 정리해 보세요.

- 가설 검증

1. 결과가 자신이 예상한 것과 일치하였나요? 일치하지 않았다면, 그 이유는 무엇이라고 생각됩니까?

활 동 2 굴려라! 멀리

• 가설 세우기

1. 공을 가장 멀리 굴리기 위해서 조건들을 어떻게 구성해야 하는지 자신의 생각을 정리해 봅시다.

〈가설〉 하면

공은 멀리 굴러갈 것이다.

〈왜 그렇게 생각했나요?〉

• 실험 계획 세우기

1. 실험에 필요한 준비물은 무엇이 있을지 생각해 봅시다.

2.어떤 순서로 실험을 진행할 지 생각하여 적어봅시다.

〈실험 진행 순서〉

• 탐구 실험

1. 조건들을 달리하였을 경우 공이 굴러간 거리를 정리해 봅시다.

〈조건 1:   〉

굴러간 거리 / 공	1회	2회		결과

〈조건 2:   〉

굴러간 거리 / 공	1회	2회		결과

〈조건 3:   〉

굴러간 거리 / 공	1회	2회		결과

• 가설 검증

1. 공이 멀리 굴러가기 위해서는

이어야 한다.

활 동 3 보여라! 쉽게

1. 공을 튕기고 굴린 자료를 보기 쉽게 표현하는 방법에는 무엇이 있을지 자신의 생각을 정리해 봅시다.

알록달록 모양 명탐정

■ 활동 개요

1. 목표

1) 도형의 밀기, 뒤집기, 돌리기 등의 활동을 통해 수학적 규칙성을 알고 공간감각을 기를 수 있다.
2) 도형의 이동을 살펴보고 테셀레이션 그림을 완성하여 창의적 디자인을 구성할 수 있다.

2. 내용

본 활동은, 무늬 꾸미기를 통해 테셀레이션의 원리를 스스로 알게 되는 연역적 추론이 기반이 되는 실험으로 구성하였다. 테셀레이션은 빈틈이나 포개짐이 없이 평면이나 공간을 도형으로 완벽하게 덮는 것이라는 수학적 개념을 학습자 스스로 무늬 꾸미기를 통해 알게 된다.

예술적인 아름다움을 주는 테셀레이션 작품만이 아니라, 그 속에는 수학적인 개념과 의미가 들어 있음을 알 수 있다. 자연스럽게 도형의 각의 크기, 대칭과 변환, 합동 등의 학습으로 이어질 수 있다. 더불어 학생들이 테셀레이션이 가능한 도형이 정다각형(정삼각형, 정사각형, 정육각형)이라는 사실도 스스로 알게 한다. 미술과 통합적인 수업을 계획하면서 수학에 대한 접근을 더 유연하게 할 수 있는 계기를 마련할 수 있다.

본 활동은 정삼각형, 정사각형을 통한 도형덮기 활동으로 교과서를 통해 이미 학습한 내용이다. 따라서 본 활동은 직접 생활과 연계된 수학적인 원리를 이용한 테셀레이션을 만들어 보는 것이다. 5-6

학년에서 평면 뿐만 아니라 입체 도형을 만드는 선행학습의 역할이 되며, 수학적 도형에 대한 흥미와 이해에 도움을 주고자 한다.

차시	주요 탐구실험 내용	주안점
1	■ 생활 속의 무늬 찾기 - 미술, 생활 벽화, 포장지 등의 생활에서 볼 수 있는 규칙적으로 채워진 무늬 찾기- 몬드리안 그림과 같은 기본적인 패턴블록의 재배열을 통해 주어진 공간을 채우고, 그림으로 꾸며보는 활동 - 색종이로 도형의 밀기, 뒤집기, 돌리기의 이동의 개념을 정확히 익히기(교과서 개념 확인: 정삼각형, 정사각형 vs 정오각형 공간 꾸미기 비교)	수학적 사고 및 의사소통 활동 수학적 추론 활동
2-3 (연속 차시)	■ 테셀레이션 꾸미기 ① 테셀레이션 자석을 이용하여 빈틈과 겹치는 공간없이 꽃밭무늬 꾸미기	수학적 규칙성과 문제해결 활동
	■ 테셀레이션 꾸미기 ② 도형의 이동을 이용하여 '에셔의 도마뱀'을 이용하여 테셀레이션 원리를 이용한 평면을 덮는 공간 꾸미기	수학적 규칙성과 문제해결 활동

■ 교육과정과의 연계성

본 활동은, 도형의 개념을 익히는 중간 단계로, 저학년에 배운 도형 개념을 세분화하고, 후속 학년에 입체 도형의 개념으로 자연스럽게 연결할 수 있게 한다. 구체적 실험 활동단계에서 직접 교실에서 접할 수 있는 수업 상황 문제를 제시한다. 학생들 스스로 가설을 세우고, 다양한 방법을 모둠, 짝, 전체 활동을 통해 가설을 검증해 나가도록 구성하였다. 본 활동의 실험 가설은, "먼저 우리 주변에서 빈틈없이 채워진 그림이나 모형 등을 찾아볼까?"에서 시작해 미술 시간에 더럽혀진 벽을 깨끗하게 덮는 방법을 생각해 보게 한다. 패턴블록, 칠교판, 펜토미노, 색종이 등과 같은 재료를 이용하여 테셀레이션의 개념을 학생들 스스로 실험을 통해 찾도록 한다.

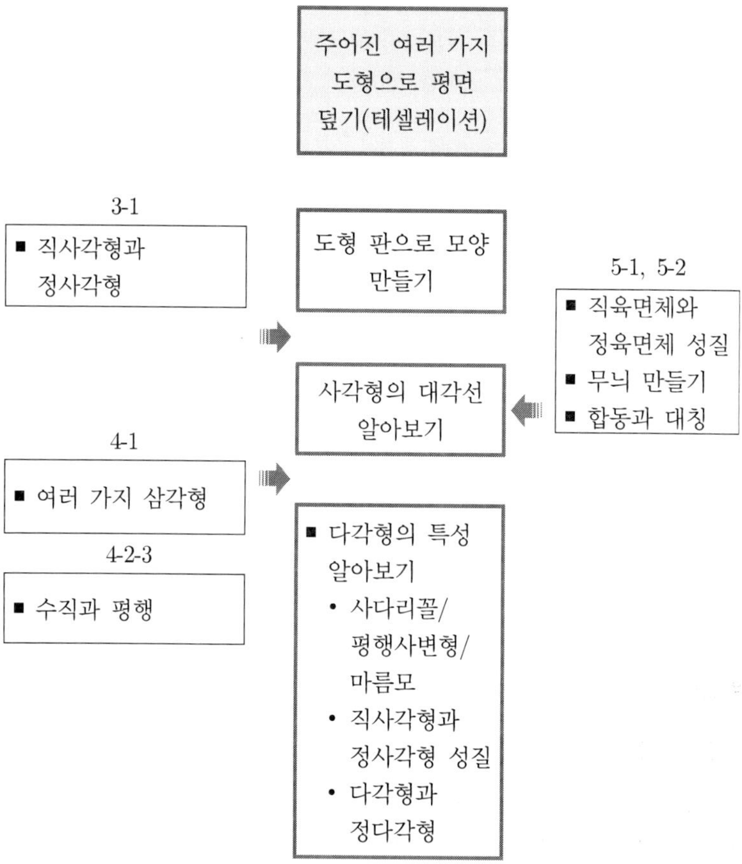

교사를 위한 TIP

- 테셀레이션 밑그림이나 기타 수학 교구가 준비되지 않았다면, 주변에 볼 수 있는 신문을 이용하거나 교과서 수업 후 남은 각 교과서의 붙임딱지나 모양을 활용할 수 있다.
- 테셀레이션 활동은 미술활동과 연계될 수 있다. 미술활동으로만 학생들이 인식하지 않도록, 수학적 규칙과 반복성, 도형의 이동에 대해 교사가 계속 숙지시켜주도록 한다. 완성된 테셀레이션 작품을 학생 스스로 설명해 보는 수학적 표현활동을 해보도록 한다.

■ 교수-학습 과정안

<table>
<tr><td>활동주제</td><td colspan="4">빈틈없이 벽을 채울 수 있을까?(1/3)</td></tr>
<tr><td>학습목표</td><td colspan="2">1. 주어진 모양을 사용하여 빈틈없이 채워진 벽을 보고 공통점을 찾을 수 있다.
2. 주어진 모양으로 벽을 채울 수 있는 도형과 수학적 규칙을 발견할 수 있다.</td><td>학습 자료 (준비물)</td><td>색 도화지, 색종이, 가위, 풀, 색연필, 자 등</td></tr>
<tr><td>편매쓰 실험 과정</td><td>문제 상황</td><td colspan="3">교수 · 학습 활동 내용 및 수업의 전개</td></tr>
<tr><td>문제이해</td><td>미술시간, 교실 벽에 먹물을 쏟아 더러워졌다. 아무리 지우려고 해도 잘 지워지지 않고, 더욱 보기 좋지 않은 얼룩이 교실벽을 채웠다. 깨끗하던 교실벽이 더러워져서 기분도 나쁘고, 내일은 우리 교실에서 발표회가 있는 날이다. 내일까지 주어진 짧은 시간에 색종이를 가지고 교실 벽을 아름답게 꾸밀 수 있을까?
* 먼저 우리 주변에서 빈틈없이 채워진 그림이나 모형 등을 찾아볼까?</td><td colspan="3">■ 준비 활동(학급 전체 토의)
1) 동기유발 및 과제 제시
- 퍼즐, 몬드리안 「컴퍼지션」 작품, 타일 사진, 아름답게 채워진 생활 속 작품 등을 보며 빈틈없이 채운 작품들의 특징을 생각해보기
2) 문제 상황 확인
- 미술 시간, 먹물로 더러워진 벽을 어떻게 하면 먹물이 보이지 않게 깨끗하게 꾸밀 수 있을까?</td></tr>
<tr><td>가설설정</td><td>“미술 작품이나 우리 주변의 벽이나 바닥은 어떤 모양과 어떤 방법으로 빈틈이 보이지 않게 채워졌을까요?”</td><td colspan="3">■ 가설설정활동(개별 활동)
- 몬드리안 「컴퍼지션」은 어떤 도형으로 채워진 그림인지, 주변에서 본 포장지나 벽화, 바닥 타일들은 어떤 모양으로 이루어져 있었는지 생각해 보기(신문으로 대체 가능)
- 서로의 생각을 이야기하고, 서로 발견한 공통점 정리하기</td></tr>
</table>

<table>
<tr><td>탐구실험</td><td colspan="2">

■ 탐구실험활동 1(짝활동)
- 2인 1조 활동. 신문지나 색종이를 주고, 사각형으로 각각 조각으로 잘라 주어진 도형을 같은 모양을 여러 번 이용하여 작은 면적 채워보기
- 도형 조각이 빈틈없이 채워졌는지 서로 확인하고, 서로의 도형 조각의 규칙을 생각하여 전체를 채울 아름다운 무늬 생각해 보기
■ 탐구실험활동 2(모둠 활동)
- 4인 1조로 활동. 패턴블록을 가지고 책상 위를 다양한 방법으로 채워보기
- 2인 1조로 활동. 색종이에 삼각형, 사각형, 오각형 도형 모양을 5개씩 3세트로 만들어, 주어진 도형을 모양을 여러 번 이용하여 작은 면적 채워보기
예) 삼각형, 사각형, 오각형 모양을 다양하게 만들어 작은 면적 채우기
- 색종이로 만든 도형 조각이 빈틈없이 채워졌는지 서로 확인하고, 서로의 도형 조각의 규칙을 생각하여 전체를 채울 아름다운 무늬를 생각해 보기</td></tr>
<tr><td>가설검증</td><td>"미술 작품이나 우리 주변의 벽이나 바닥은 같은 모양의 도형 여러 개를 퍼즐처럼 빈틈이 보이지 않게 채울 수 있다."</td><td>■ 가설검증활동(학급 전체 토의)
- 실험 결과를 바탕으로 테셀레이션을 보고 특징을 찾아 보기
☞ 테셀레이션의 개념을 미리 알려주지 않고, 학생들이 스스로 완성된 모둠의 작품을 보고, 특징을 찾아 적어보게 한다.
• 예시
- 빈틈없이 바닥을 깔았다. 정다각형으로 이루어져 있다. 원이 없다.</td></tr>
<tr><td>정당화 및 표현</td><td colspan="2">■ 정당화 및 표현활동
- 테셀레이션의 개념을 알려주고, 주변에서 볼 수 있었던 테셀레이션을 발표해 보고, 모둠별로 만든 테셀레이션이 개념에 맞게 만들어졌는지 토의해 보기</td></tr>
</table>

<table>
<tr><td>활동주제</td><td colspan="3">아름다운 무늬로 꾸며진 나의 책상(2-3/3)</td></tr>
<tr><td>학습목표</td><td>1. 테셀레이션의 원리을 이해하고, 테셀레이션의 원리에 따라 공간을 꾸밀 수 있다.
2. 에셔모형 ‘도마뱀’를 이용하여 책상 위를 아름답게 채울 수 있다.</td><td>학습 자료</td><td>색 도화지(에셔의 도마뱀모형 복사본),테셀레이션 자석, 가위, 풀, 색연필, 자 등</td></tr>
<tr><td>펀매쓰 실험 과정</td><td colspan="3">교수 · 학습 활동 내용 및 수업의 전개</td></tr>
<tr><td>문제이해</td><td colspan="3">■ 준비 활동(학급 전체 토의)
1) 동기유발
- 1차시의 학생작품을 보고, 빈틈없이 채운 작품들의 특징을 생각해보기
- 에셔의 “도마뱀” 모형으로 만들어진 벽화 보여주기(신문무늬 전단지로 대체 가능)
- 주변에서 본 테셀레이션 작품 이야기해보고, 서로 감상하기</td></tr>
<tr><td>가설설정</td><td colspan="3">■ 가설설정활동(개별 활동)
“에셔의 도마뱀모양을 가지고 책상 위를 한번 채워볼까요?”
- 에셔의 도마뱀모양 예시본을 보고, 똑같이 10장 만든 후, 제한된 시간동안 빈틈없이 책상 위로 채워보기
- 도마뱀 모양이 빈틈없이 책상 위를 채웠는지, 어떤 규칙으로 이동하면 빈틈없이 채워질 수 있는지 생각해보기
“테셀레이션(tessellation)은 [   ]하게 평면이나 공간을 도형으로 완벽하게 덮는 것일 것이다.”</td></tr>
<tr><td>탐구실험</td><td colspan="3">■ 탐구실험활동 1(모둠 활동)
- 4인 1조로 활동. 테셀레이션 자석을 가지고 책상 위를 다양한 방법으로 채워보기
- 테셀레이션 자석을 다양하게 이동시키면서 빈틈없이 책상 위를 꾸며보기
- 어떤 규칙으로 어떤 무늬로 바닥을 꾸며졌는지 짝과 이야기해보기</td></tr>
</table>

탐구실험	■ 탐구실험활동 2(모둠 활동) - 4인 1조로 활동. 에셔의 도마뱀 모양 1개를 이용해 밀기, 뒤집기, 돌리기의 다양한 모양을 서로 확인해 보기 - 에셔의 도마뱀을 3가지 색상, 각 12개씩 오려서 다양한 교실 벽 무늬로 완성해 보기, 색연필을 이용하여 도마뱀 무늬를 꾸며보기 - 어떤 규칙으로 어떤 무늬로 바닥을 꾸며졌는지 짝과 이야기해보기
가설검증	■ 가설검증활동(학급 전체 토의) - 실험 결과를 바탕으로 테셀레이션을 보고 특징을 찾아 보기 - 각 모둠별로 만든 테셀레이션 무늬의 규칙성과 아름다움에 대해 발표하기 - 테셀레이션의 원리에 따라 가장 잘 완성된 교실 바닥 무늬 선발하기
정당화 및 표현	■ 정당화 및 표현활동 - 에셔의 도마뱀모양으로 꾸며진 벽화나 바닥을 꾸미면 좋은 점을 생각해서 이야기해보기 - 테셀레이션의 좋은점을 생각해서 발표해 보기

■ 활동지

즐거운 수학 실험

알록달록 모양 명탐정

활 동 1 숨겨진 그림을 만들어요!

■ 생각해 보기

1. 신문이나 색종이를 이용하여 아래 사각형을 덮어 보세요.

• 사각형이 보이지 않게 자유롭게 덮어보세요.

• 가설 세우기

1. 바닥을 완벽하게 도형으로 덮게 하려면 어떤 도형을 이용해야 할지 예상하여 봅시다.

"바닥을 빈틈이나 포개짐이 없이 덮으려면, [   ] 도형을 이용해야 할 것이다."

• 실험 계획/탐구 실험

1. 어떤 순서로 실험을 진행할 지 친구들과 함께 살펴봅시다.
   ① 주어진 색종이를 이용하여 다양한 도형 모양을 3가지 오려서 만들기
   ② 위에 만든 모양과 같은 도형을 5개씩 만들기
   ③ 만든 도형을 이용하여 빈틈없이 채우고 붙이기
   ④ 빈틈없고 포개짐이 없이 도형이 채워지지 않는다면, 도형의 모양을 다시 만들기
   ⑤ 도형의 모양은 5개가 모두 똑같이 다시 만든 후, 다시 평면을 덮어보기

• 정당화 및 표현

1. 색종이로 내가 만든 도형을 이용하여 나만의 그림을 아래에 붙여봅시다.

• 색종이로 같은 모양의 도형을 여러 개 만들어 빈틈없이 붙여보세요.

활 동 2 나만의 무늬꾸미기

• **생각해 보기**

1. 우리 주변에는 같은 무늬를 여러 개를 연결하여 붙여 아름다운 그림을 완성한 것들이 많이 있습니다. 아래 그림에서 숨겨진 같은 모양 1가지를 찾아서 색칠하여 보세요.

• **가설 세우기**

1. 바닥을 완벽하게 도형으로 덮게 하려면 도형과 도형 사이를 어떻게 붙여야 할지 예상하여 봅시다.
   "테셀레이션(tessellation)은 [ ]하게 평면이나 공간을 도형으로 완벽하게 덮는 것일 것이다."

• 정당화 및 표현

에셔의 도마뱀을 정육각형 안에 넣어 봅시다.

자료: 검색어 "에셔의 도마뱀" 참고

* 아래에 에셔의 도마뱀 한 마리를 그리고 정육각형을 그려보세요.

☞ 다른 활동

① 칠교본을 이용하여 1가지 모양을 만들기

② ①에서 완성된 모양을 3가지 색으로 3개씩 만들기

③ 만든 도형을 이용하여 빈틈없이 채우고 붙이기

④ 빈틈없고 포개짐이 없이 도형이 채워지지 않는다면, 도형의 모양을 다시 만들기

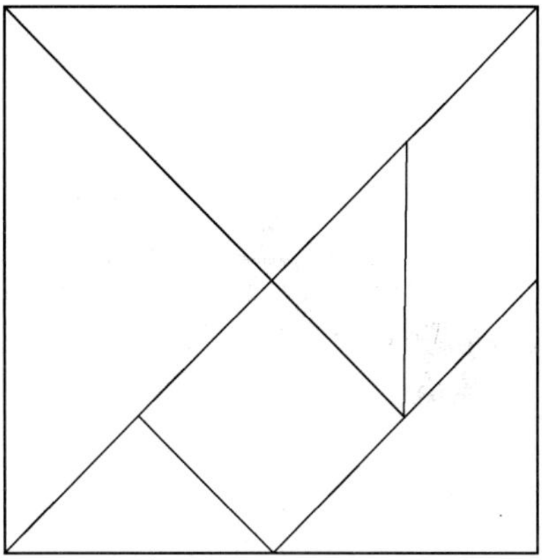

칠교본 추가

가. 테셀레이션

마루나 욕실 바닥에 깔려 있는 타일처럼 빈틈이나 포개짐이 없이 평면이나 공간을 도형으로 완벽하게 덮는 것. 기원전 4세기에 이슬람 문화의 벽걸이 융단, 퀼트, 옷, 깔개, 가구의 타일, 건축물 등에서 찾아볼 수 있다. 스페인 그라나다 이슬람식 건축물, 알함브라 궁전, 한국의 전통모양 등.

나. 대안 활동

[신문활용]

- 신문에서 반복적인 그림, 사진, 무늬로 채워진 규칙 찾아보기
- 신문을 같은 모양, 색 등으로 오려 빈 공간 채워보기
- 신문을 모자이크 기법으로 공간 채워보기

[색종이패턴무늬]

- 3가지 색깔의 색종이를 같은 모양으로 오려 여러 장 만들어 무늬꾸미기

제3절 즐거운 퍼즐 나라

■ 활동 개요

1. 목표

1) 다양한 종류의 퍼즐 게임을 통해 발견한 수학적 원리를 논리적 규칙을 설명할 수 있다.
2) 다양한 종류의 퍼즐 게임을 해결하는 전략을 이용하여 수학적 문제를 해결할 수 있다.

2. 내용

본 활동은 크게 다양한 종류의 도형 퍼즐, 논리 퍼즐, 착시 퍼즐 등 게임 활동을 통해 이를 수학적 규칙이나 게임 전략으로 표현해보는 탐구실험으로 구성되어 있다.

차시	주요 탐구실험 내용	주안점
1	• 아는 것이 힘(Nim 게임, 숨겨진 별 찾기-착시 퍼즐) - 바둑돌을 가지고 짝 활동, 모둠 활동을 통해 Nim 게임에서 이길 수 있는 방법(전략)을 학습하는 게임 활동	수학적 문제 해결, 글쓰기 활동
2-3 (연차시)	• 여러 가지 수학퍼즐 ① - 달걀퍼즐, 15퍼즐 등을 직접 해결해 보고, 다양한 사고의 전환을 경험하고, 펜토미노를 가지고, 다양한 도형 전환과 규칙성을 살려 수학적으로 표현해 보는 게임 활동	수학적 규칙성과 문제 해결 활동
	• 여러 가지 수학퍼즐 ② - 종이 도형과 지오보드를 통해 공간 감각과 창의성을 기를 수 있는 활동 후, 지오보드와 종이 퍼즐 도형을 직접 '나만의 퍼즐 게임'을 만들어 보는 활동	수학적 추론 활동

이는 우리 주변에서 접할 수 있는 퍼즐 게임이 수학적인 규칙과 원리를 가지고 있음을 알고, 퍼즐 게임을 통해 문제 해결 전략을 경험할 수 있다. 다양한 퍼즐 도구를 직접 경험하여 창의적인 수학적 사고 향상에도 도움이 된다. 즉, Nim 게임, 달걀 퍼즐, 펜토미노, 지오보드 등을 통해 창의적인 사고의 발달을 경험할 수 있다. 본 활동의 구체적인 내용은 다음과 같다.

■ 교육과정과의 연계성

본 활동은 수학적 전략, 규칙성과 문제해결 영역과 관련된 수학 실험이다. 규칙성과 문제 해결 영역에서는 초등학교 1학년부터 3학년까지 공간 감각을 구체적 수학 퍼즐 교구를 통해 경험하고, 다양한 변화 속에서 규칙을 찾고 문제 해결 전략을 습득한다. 5~6학년에서는 '하나의 문제를 여러 가지 방법으로 해결하기'나 '문제 해결 방법 비교하기'로 문제 해결 전략이 점차 심화된다.

'게임활동 - 즐거운 퍼즐나라'는 1-4학년 수학 교과서의 탐구활동이나 놀이 부분에서 경험해 봄직한 다양한 퍼즐, 놀이 활동을 재미있는 놀이 형태로 구성하였다. 다양한 퍼즐을 놀이를 통해 해결함으로써 수학에 대한 흥미를 가지고, 수학적인 전략 세우기를 자연스럽게 습득하게 된다. 5-6학년에서 문제 해결과 연계되어 수학적인 동기유발에 도움을 주고자 한다. 또한, 다양한 전략과 놀이 게임이 웹상에서 검색이 가능하므로, 창의적 체험활동이나 재량적으로 수업에 문제 해결과 관련하여 다양한 주제와 게임을 융통성있게 수업할 수 있다.

여러 가지 방법으로 문제 풀고 설명하기

3-1. 3-2

■ 그림그리기, 실제로 해보기, 식 만들기, 거꾸로 풀기, 규칙 찾기, 표 만들기, 예상과 확인

문제와 관련된 전략 알기

5-2

■ 하나의 문제를 여러 가지 방법으로 해결

단순화하기, 논리적 추론, 대응 규칙 찾기

6-1, 6-2

■ 방정식, 비례식, 연비와 비례배분, 정비례와 반비례

4-1, 4-2

■ 두 수 사이의 관계를 식으로 나타내기

5-2

■ 비와 비율

4-1. 4-2

■ 두 수 사이의 규칙 찾기

문제의 조건과 구하는 것 알기

교사를 위한 TIP

- 간단한 퍼즐 활동부터 동기유발 자료로 활용하여 학생들의 문제 해결 속도와 흥미 정도를 고려하여 난이도를 조절하여 제시한다.
- 퍼즐 활동시 많은 단서를 가능하면 제공하지 않고, 충분한 시간을 제공한다. 다른 학생들과 이야기하는 활동을 통해 교사가 모든 것을 제공해 주는 것이 아니라, 학생들 스스로 문제를 해결해 가고, 전략을 세우는 과정을 경험하게 한다. 4학년 단계에서 간단하게 자신이 세운 수학적 게임 전략을 그림이나 글로 자유롭게 표현, 정리해 보게 한다. 활동은 학습자가 가지고 있는 기존 생각의 전환을 할 수 있는 기회를 제공할 수 있다. 정량적 비교보다는 용기의 용량을 읽고, 같지만, 다를 수 있다는 생각의 전환을 경험할 수 있게 충분한 토의 시간을 제공한다. 다양한 생각을 수용하도록 한다.
- 본 활동에서 소개된 것 이외에도 다양한 전략과 놀이 게임이 웹상에서 검색이 가능하므로, 창의적 체험활동이나 재량있게 수업에 문제 해결과 관련하여 다양한 주제와 게임을 융통성있게 수업할 수 있다.

■ **교수-학습 과정안**

<table>
<tr><td>활동주제</td><td colspan="3">아는 것이 힘(1/3)</td></tr>
<tr><td>학습목표</td><td>1. Nim 게임, 착시퍼즐의 원리를 이해할 수 있다.
2. Nim 게임, 착시퍼즐에서 승리하는 전략을 찾아 설명할 수 있다.</td><td>학습 자료</td><td>연결큐브, 매쓰링크 (혹은 바둑돌), 활동지</td></tr>
<tr><td>펀매스 실험과정</td><td colspan="3">교수학습 활동 내용 및 수업의 전개</td></tr>
<tr><td>문제이해</td><td colspan="3">■ 준비 활동(학급 전체 토의)
1) 문제상황 확인: Nim 게임
① 2인 1조가 되어서 20개의 큐브가 있고 한 번에 1-2개를 가져갈 수 있다.
② 가위바위보를 통해 먼저 할 사람을 정하고, 번갈아 가며 1개 혹은 2개의 큐브를 가져간다.
③ 마지막 큐브를 가져간 사람이 진다.
- 교사와 대표 학생이 시범으로 게임하는 방법을 보여주고 교사가 항상 이기는 모습을 보여주면서 어떻게 하면 이길 수 있는 지 생각해 보기</td></tr>
<tr><td>가설설정</td><td colspan="3">■ 가설설정활동(짝 활동)
각종 게임과 퍼즐을 빨리 해결할 수 있는 방법은 무엇일까?
- 몇 번의 게임을 통해 가설을 세운 이유에 대해 얘기 나누기</td></tr>
<tr><td>탐구실험</td><td colspan="3">■ 탐구실험 1(모둠 활동)
- 가설을 세운 내용을 바탕으로 맞는지 게임을 통해 확인해 보기
- 모둠 내의 다른 친구들과 게임활동을 통해 가설이 맞는 지 확인하기
- 자신의 활동을 기록하고, 기록한 내용을 바탕으로 알아낸 사실이 무엇인지 생각해보기</td></tr>
</table>

탐구실험	■ 탐구실험 2(개별 활동) "숨겨진 별 찾기" 그림을 보고, 도형 안에 완전한 별 모양이 숨겨져 있다. 어디일까요? - "숨겨진 별 찾기"을 통해 그림 착시 퍼즐에 대한 생각 열기: 퍼즐하면 쉽게 도형퍼즐을 떠올리는데, 다양한 퍼즐의 형태가 있음을 알게 한다. - 정답을 말해보게 하고, 그 과정도 설명해 보게 한다.
가설검증	■ 가설검증활동(학급 전체 토의) - 대표 학생들을 선발하여 자신의 가설이 맞는지 게임을 통해 확인하기(승리하는 사람은 계속해서 게임을 함) - 가설이 맞지 않는다면 전체 토의활동을 통해서 알게 된 원리를 생각해 보기
정당화 및 표현	■ 정당화 및 표현활동(학급 전체 토의) - Nim 게임에서 이길 수 있는 전략이 무엇인지 정리하고, 수를 30으로 확장하였을 경우 어떻게 하면 이길 수 있는지를 정리해 보기

<table>
<tr><td>활동주제</td><td colspan="3">즐거운 퍼즐 나라 1(참고)「천재들이 즐기는 수학퍼즐게임」(2/3)</td></tr>
<tr><td>학습목표</td><td>1. 다양한 퍼즐의 유형을 경험할 수 있다.
2. 퍼즐에서 승리를 위해 세울 수 있는 전략을 찾아 설명할 수 있다.</td><td>학습 자료</td><td>달걀 퍼즐, 15퍼즐, 숨겨진 별 찾기 활동지, 펜토미노 등</td></tr>
<tr><td>펀매스 실험과정</td><td colspan="3">교수학습 활동 내용 및 수업의 전개</td></tr>
<tr><td>문제이해</td><td colspan="3">■ 준비 활동 및 동기유발(학급 전체 토의)
1) 문제상황 확인: “달걀 퍼즐”

① 6 × 6으로 생긴 36칸의 도형판을 준비한다.
② 문제 상황 “가로, 세로, 대각선 방향의 어느 줄이든 한 줄에 2개의 달걀만 들어가게 해야 한다는 조건으로, 그림과 같은 달걀 상자 안에 최대 몇 개의 달걀을 넣을 수 있을까?”
③ 제한시간을 두고, 학생 개인이 다음 문제를 해결해 본다.

- “달걀 퍼즐”을 통해 퍼즐에 대한 생각 열기: 퍼즐하면 쉽게 도형퍼즐을 떠올리는데, 다양한 퍼즐의 형태가 있음을 알게 한다.
- 달걀 퍼즐에 다른 조건(달걀판의 칸수 늘리기)을 추가하여 문제를 다르게 해결해보기</td></tr>
<tr><td>가설설정</td><td colspan="3">◈가설설정활동(짝 활동)

퍼즐 게임을 통해 다양한 사고의 전환을 경험할 수 있을까?

2) 15퍼즐

빈 칸을 이용하여 숫자를 순서대로 맞춰보는 퍼즐

- 퍼즐 문제해결 과정에서 자신의 답을 추론한 가설(과정)을 정리, 설명한다.
- 서로 해결과정을 이야기해 보고, 해결되지 않은 퍼즐에 대해서도 생각해보게 한다. 해결되지 않는다면, 그 이유를 생각해 보게 한다.</td></tr>
</table>

<table>
<tr><td>탐구실험</td><td>■ 탐구실험 1(모둠 활동)
3) “펜토미노”

펜토미노 조각 4~6개를 순서대로 이용하여 정해진 모양을 다양하게 만들어 본다.

- 퍼즐 문제해결 과정에서 자신의 답을 추론한 가설(과정)을 정리, 설명한다.</td></tr>
<tr><td>가설검증</td><td>■ 가설검증활동(학급 전체 토의)
- 대표 학생들을 선발하여 자신의 가설이 맞는지 게임을 통해 확인하기
- 가설이 맞지 않는다면 전체 토의활동을 통해서 알게 된 원리를 생각해 보기</td></tr>
<tr><td>정당화 및 표현</td><td>■ 정당화 및 표현활동(학급 전체 토의)
- 퍼즐 게임에서 이길 수 있는 전략이 무엇인지와 퍼즐 게임 문제를 풀어가는 과정을 정리해 보기</td></tr>
</table>

<table>
<tr><td>활동주제</td><td colspan="3">즐거운 퍼즐 나라 2(참고) 「천재들이 즐기는 수학퍼즐게임」(3/3)</td></tr>
<tr><td>학습목표</td><td>1. 다양한 퍼즐의 유형을 경험할 수 있다.
2. 퍼즐에서 승리를 위해 세울 수 있는 전략을 찾아 설명할 수 있다.</td><td>학습 자료</td><td>지오보드, 우드락, 이쑤시개 (성냥), 색지, 고무줄(또는 털실) 등</td></tr>
<tr><td>펀매스 실험과정</td><td colspan="3">교수학습 활동 내용 및 수업의 전개</td></tr>
<tr><td>문제이해</td><td colspan="3">■ 준비 활동 및 동기유발(학급 전체 토의)
1) 문제상황 확인 "지오보드"
- 지오보드 판에 자신이 다양한 다각형 모양을 만들어 보면서, 각이 없는 도형인 원은 만들어지지 않는다는 사실을 스스로 알게 하기 위한 동기유발 활동이다.
- 학생들이 자신이 만든 도형을 발표해 본다. 다양한 도형을 만들어 보고, 일정한 간격으로 이루어진 지오보드 판의 원리를 스스로 이해한다.</td></tr>
<tr><td>가설설정</td><td colspan="3">■ 가설설정활동(짝 활동)
퍼즐 게임을 통해 공간각과 창의성을 기를 수 있을까?
- 도형 퍼즐, 지오보드, 나만의 지오보드 만들기 등과 같은 다양한 퍼즐의 예를 보여준다.</td></tr>
<tr><td>탐구실험</td><td colspan="3">■ 탐구실험 1(개인 활동) -지오보드
- 지오보드 보고 스스로 다양한 모양으로 만들어 본다.
- 퍼즐 문제를 해결 과정에서 자신의 답을 추론한 가설(과정)을 정리, 설명한다.
- 모둠 내의 다른 친구들과 게임활동(퍼즐)을 통해 가설이 맞는지 확인하기
- 자신의 활동을 기록하고, 서로 기록한 내용을 바탕으로 알아낸 사실이 무엇인지 서로 이야기해보기</td></tr>
</table>

탐구실험	■ 탐구실험 2(개인 활동) -나만의 지오보드 만들기 - 우드락과 이쑤시개(성냥개비), 고무줄(털실)을 이용하여 나만의 지오보드를 다양하게 만들어 본다.
가설검증	■ 가설검증활동(학급 전체 토의) - 대표 학생들을 선발하여 자신의 전략에 맞는 지오보드 발표하기 - 지오보드에서 알게 된 공감각적 수학적 하고 전체 토의활동을 통해서 정리해 보기
정당화 및 표현	■ 정당화 및 표현활동(학급 전체 토의) - 퍼즐 게임에서 이길 수 있는 전략이 무엇인지와 퍼즐 게임 문제를 풀어가는 과정을 정리해 보기

■ 활동지

즐거운 수학 실험

즐거운 퍼즐 나라

활 동 1 숨겨진 별을 찾아라!

• 가설 세우기

1. 도형 안에 완전한 별 모양이 숨겨져 있다. 어디일까요?(출처: 「천재들이 즐기는 수학퍼즐게임(2010)」)
〈별을 찾기 위해 바라보는 눈: 어떻게 쳐다보면 별을 찾을 수 있을까요?〉
직접 표시해보세요.

(샘로이드 퍼즐)

• **정당화 및 표현**

〈다르게 숨겨져 있는 도형이 있는지 자신의 생각대로 찾아보세요〉

• **정당화 및 표현**

활 동 2 달걀 퍼즐

• 생각해 보기

1. 가로, 세로, 대각선 방향의 어느 줄이든 한 줄에 2개의 달걀만 들어가게 해야 한다는 조건으로, 그림과 같은 달걀 상자 안에 최대 몇 개의 달걀을 넣을 수 있을까?(출처: 「천재들이 즐기는 수학퍼즐게임(2010)」)

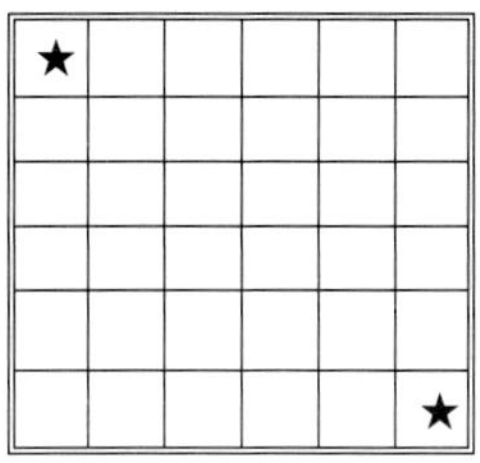

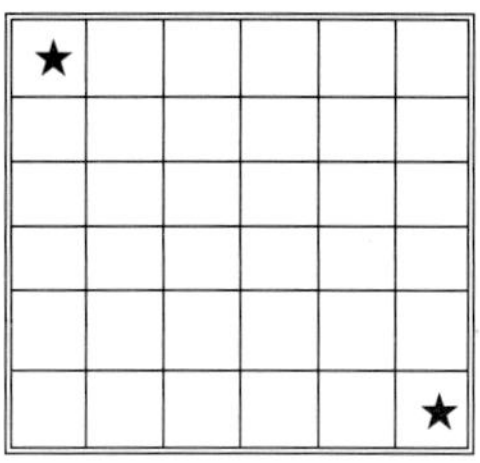

(샘로이드 퍼즐)

〈우리가 알고 있는 조건은 무엇일까요?〉

〈해결해야 할 것〉

• 정당화 및 표현

〈달걀 판의 칸을 늘려도 달걀을 조건에 맞게 넣을 수 있을까요?〉

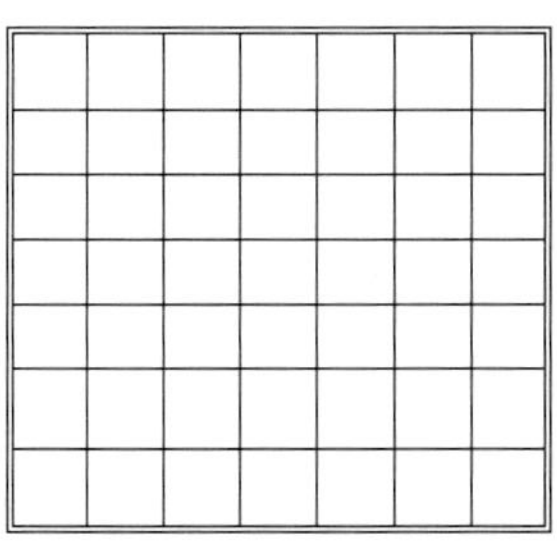

활동 3 15퍼즐

• **생각해 보기**

1. "상자 안에는 1~15까지의 숫자가 배열되어 있다. 자세히 보니, 이 중에서 14와 15만 순서가 바꾸어 있다. 상자 안은 한 칸이 비어있기 때문에 각각의 숫자들을 움직일 수 있다. 그런 방법을 이용하여 14와 15를 바른 순서로 배열할 수 있을까?"이 문제를 해결하는 방법을 차례대로 적어봅시다.(출처: 「천재들이 즐기는 수학퍼즐게임(2010)」)

1	2	3	4
5	6	7	8
9	10	11	12
13	14	15	

(샘로이드 퍼즐)

〈해결의 다양한 생각을 적어보기〉

• **정당화 및 표현**

〈이 퍼즐의 문제를 해결할 수 있을까요? 없을까요? 왜 그렇게 생각했나요?〉

활 동 4 펜토미노의 세계로~!

• 생각해 보기

1. 펜토미노 조각을 보고, 다양한 펜토미노 모양을 그려봅니다.

• 정당화 및 표현

펜토미노 조각을 놓고, 밑그림을 그립니다. 그리고 펜토미노 조각을 치운 후에, 짝끼리 바꾸어 다시 원래 모양대로 맞춰봅시다.

활 동 5 나만의 도형을 만들어라!

• 생각해 보기

1. 가로 길이가 세로 길이의 두 배인 직사각형 색종이를 대각선으로 자르면 같은 모양의 삼각형 두 개가 만들어 진다. 이러한 모양의 삼각형 다섯 개를 이용하여 정사각형 하나를 만들어보자. 다섯 개의 삼각형 중에서 한 개는 두 조각을 내도된다. 주어진 종이를 이용하여 다음 도형을 만들어 정사각형을 만들어 붙여봅시다.

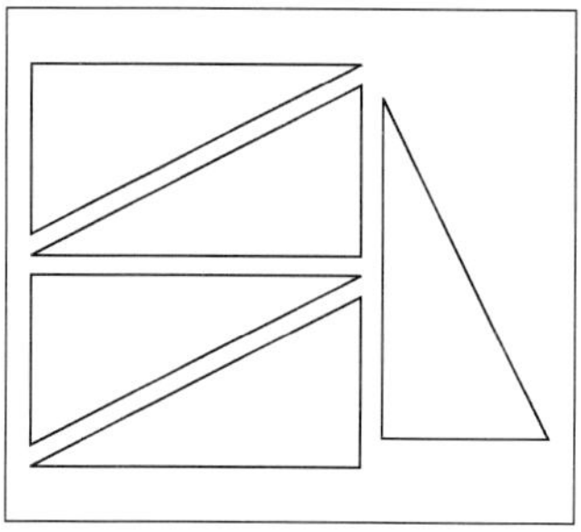

완성된 도형 붙이기

• 정당화 및 표현

[나만의 지오보드] 다음의 도구를 사용하여 지오보드 게임을 한 후, 나만의 지오보드를 만든 후 자신이 만든 도형에 대해 이야기해봅시다.

① 왼쪽 위에서부터 오른쪽 아래로 자신이 가지고 있는 막대(20~25개)를 간격을 정해 끼운다. ② 고무줄을 이용해 다양한 도형을 만들어 본다.

〈내가 만든 도형에 대해 이야기해보기〉

제4절 우유의 비밀

■ 활동 개요

1. 목표

1) 우리가 흔히 주변에서 보는 200㎖ 우유 용기 및 다른 용기들의 정확한 용량 차이를 발견할 수 있다.
2) 용기 간 용량을 정확히 알고, 발견한 현상을 이용해 수학적 문제를 해결할 수 있다.

2. 내용

본 활동은, 용량과 들이의 개념을 부피와 관련하여 실생활에서 먹고 마시는 음료수병을 통해 지도하고자 한다. 들이나 부피의 차이를 학생들이 직관적으로 구분하여 아는 것은 쉽지 않다. 본 활동에서는 들이 용량을 읽어보는 정도의 활동으로 진행하며, 활동의 핵심은 주변에서 당연하게 생각하던 다양한 용기들의 용량이 모두 다르다는 것을 비교하고 생각의 전환을 경험하는 것으로 한다.

본 활동은 크기나 용기에 물 붓기 등으로 단순한 직접 비교를 학습한 후 이루어지는 내용이다. 따라서 본 활동은 직접 생활과 연계된 다양한 용기를 이용하여 우리 주변에서 수학적 양을 정량적으로 비교하는 경험을 하게 된다. 정량적 비교 중심보다는 용량의 용기를 읽을 수 있고, 용기마다 용량이 다르다는 것을 어림하고 비교를 통해 재어보게 한다. 우리가 실제로 사서 마시고, 접하는 생활용품의 용기를 직접 경험하게 되므로, 수학적 측정에 대한 흥미와 이해에 도움을 주고자 한다. 더불어 디자인을 통해 용량이 많아 보이거나 적게 보이게도 할 수 있다는 사실도 자연스럽게 발견하여 합리적 소비의 기본을 배우게 되며 사회적 영역까지 연계하여 지도할 수 있다.

차시	주요 탐구실험 내용	주안점
1-2 (연속 차시)	• 생활 속의 용기의 용량에 관심가지기 우리가 마시는 비슷한 크기의 1000㎖와 200㎖ 우유의 용량은 모두 같을까요?	수학적 규칙성 의사소통 활동
	• 수학적 사물에 대한 생각 넓히기 - 우유별 비커에 붓고, 기록 표에 정확한 용량을 기록하여 우유의 용량이 다르다는 것을 직접 확인하기 - 수학적 사고를 실험 후 우유 용기별 용량이 차이나는 이유를 짝과 함께 생각해 보기	수학적 사고 및 의사소통 활동
	• [응용] 모양에 따라 병 분류하고 물 채워보기 활동 다양한 재활용 유리병을 이용하여 비슷한 용량을 분류한다. 어림활동을 통해 분류한 후, 정확한 용기의 용량을 읽고 확인 정리한다. - 유리병의 경우, 용량별로 물의 양을 다르게 넣고 소리연주도 가능(유리병 실로폰으로 음악 교과와 통합수업으로 연계 가능)	수학적 사고 및 문제해결

■ 교육과정과의 연계성

본 활동은 들이의 개념이 포함된 측정을 익히는 초기 단계로, 저학년에 단순한 물질의 용량을 단위를 이용하여 읽고, 비교한다. 후속 학년에서 들이에 따른 계산도 부피 개념을 확대하여 학습할 수 있다. 구체적 실험 활동에서 수업 상황을 직접 교실에서 접할 수 있는 문제로 제시하여, 학생들 스스로 가설을 세우고, 다양한 방법을 모둠·짝·전체 활동을 통해 검증해 나가도록 구성하였다. 본 활동의 실험 동기유발에서 용량표시를 가린 채 200㎖ 우유와 1000㎖ 우유 제시하여 같지만, 실제는 다르다는 생각의 전환에서 시작한다.

같아 보이지만, 실제로 다른 용기를 가지고 같은 크기의 어항을 채워보거나, 디자인에 따라 다른 용량을 가지게 된다는 것을 학생들 스스로 실험을 통해 찾도록 한다.

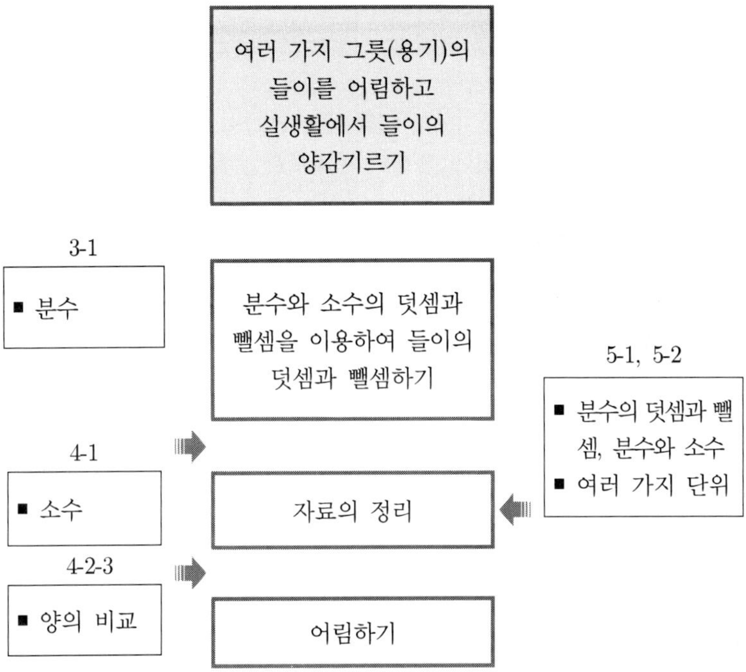

교사를 위한 TIP

- 주변에서 비슷해 보이지만 다양한 디자인의 우유를 주변에서 자료로 구해올 수 있는 충분한 시간을 제공한다. 우유가 없을 경우, 비슷해 보이지만, 디자인이 다양한 500㎖ 음료수 병을 이용해도 좋다. 다양한 디자인이지만, 용량이 같다는 것을 알 수 있다.

- 본 활동은 학습자가 가지고 있는 기존 생각의 전환을 할 수 있는 기회를 제공할 수 있다. 정량적 비교보다는 용기의 용량을 읽고, 같지만 다를 수 있다는 생각의 전환을 경험할 수 있게 충분한 토의 시간을 제공한다. 다양한 생각을 수용하도록 한다.

- 재활용 PET병이나 요구르트 병, 종이 팩 등을 용량 비교 자료로 주변에서 학습자가 직접 볼 수 있는 자료를 이용한다. 활동 후에 재활용 분리수거의 개념도 연관하여 지도할 수 있다.

- 동기 유발 단계에서 학습자가 같다고 생각한 우유 200㎖가 달라짐을 알아볼 수 있게 교사는 가능한 비슷한 우유를 선택하여 발문하도록 한다.

■ 교수-학습 과정안

<table>
<tr><td>활동주제</td><td colspan="3">200mℓ 우유의 진실(1-2/2)</td></tr>
<tr><td>학습목표</td><td>1. 우리가 흔히 주변에서 보는 200mℓ 우유 용기 및 다른 용기들의 정확한 용량의 차이를 발견할 수 있다.
2. 용기 간 용량을 정확히 알고, 발견한 현상을 이용해 수학적 문제를 해결할 수 있다.</td><td>학습 자료 (준비물)</td><td>각 제조사별 200mℓ우유, 큰 어항, 비커, 계량컵 등</td></tr>
<tr><td>편매쓰 실험 과정</td><td>문제 상황</td><td colspan="2">교수 · 학습 활동 내용 및 수업의 전개</td></tr>
<tr><td>문제이해</td><td>어느 더운 여름 날, 냉장고에서 윤미는 200mℓ를 마셨다. 늘 먹어오던 200mℓ를 다 마신 후, 어머니께서 음식을 만드시기 위해 사 오신 계량컵이 눈이 들어왔다. 호기심이 든 윤미는 우유를 계량컵에 부어보고 깜짝 놀랐다. 지금까지 마셔 온 우유가 200mℓ가 아니란 사실을 알게 되었다.</td><td colspan="2">■ 준비 활동(학급 전체 토의)
1) 동기유발 및 과제 제시
- 학습자의 이해를 돕기 위한 사진 및 그림 자료 제시: 용량표시를 가린 채 200mℓ 우유와 1000mℓ 우유 제시
2) 문제 상황 확인
- 각 우유의 정확한 들이(용량)을 비커를 이용해서 재고 그 안에 있는 규칙을 찾아보기</td></tr>
<tr><td>가설설정</td><td>우리가 마시는 비슷한 크기의 1000mℓ와 200mℓ 우유의 용량은 모두 같을까요? 200mℓ라고 알고 있던 각 회사별 우유곽을 확인해 보기로 했다. 확인한 내용(용량)을 가지고 큰 어항을 어떤 용기를 사용하면 빨리 채울 수 있을까?</td><td colspan="2">■ 가설설정활동(개인 및 짝 활동)
- 용량표시를 가린 비슷한 용기에 담긴 우유의 용량을 비커를 통해 눈으로 확인하기
- 확인된 자료에서 각 용기별 차이점 찾고 기록해 보기
- 용량의 차이와 가격과의 관계, 디자인 등 차이점 발견해 보기
- 이미 알고 있던 주변의 사실에 대해 수학적 실험을 통한 정량적 확인을 통해 생각의 전환 경험하기</td></tr>
</table>

<table>
<tr><td>탐구실험</td><td colspan="2">■ 탐구실험활동 1(짝 활동)
- 2인 1조로 활동. 우유별 비커에 붓고, 기록 표에 기록하기. 용기별 크기를 비슷해 보이지만, 정확하게 비교해보기. 자, 계량컵 이용하기.
(예) 아인슈타인 우유 185㎖, VIP 우유 180㎖, 맛있는 우유 GT 200㎖, 서울우유 210㎖ 등
- 수학적 사고를 실험 후 우유 용기별 용량이 차이나는 이유를 짝과 함께 생각해 보기
(예) 가격 차이, 포장재의 차이, 우유별 영양요소의 차이
- 비슷하지만 다르게 용량이 다른 200㎖ 우유를 만든 사람의 입장에서 이유를 글로 표현해보기
■ 탐구실험활동 1-1(모둠 활동)
- 모둠별로 우유 이외 용기의 모양에 따라 달라진 물건들 찾아보기
(예) 생수병, 음료수병, 다른 용량의 우유, 과자 등
■ 탐구실험활동 2(모둠 활동)
- 정해진 어항에 주어진 용량(우유의 용량과 같은 물)을 남기지 않고/빠르게 물을 채우기 위해서는 어떤 용기를 이용하여/어떤 방법으로 물을 채워야 할지 생각해보기
- 채워진 물의 1회 용량과 횟수를 소수의 덧셈으로 정량적으로 계산하기(넘치는 양이 생긴다면, 소수의 뺄셈으로 계산하기)</td></tr>
<tr><td>가설검증</td><td>우리가 마시는 비슷한 크기의 1000㎖와 200㎖ 우유의 용량은 모두 같을까요? 각 회사별 200㎖ 우유곽은 용량의 차이가 있었다. 확인한 내용(용량)을 가지고 큰 어항을 어떤 용기를 사용하면 빨리 채울 수 있을까?</td><td>■ 가설검증활동(학급 전체 토의)
- 교사가 우유별로 달랐던 용기의 포장을 확인시켜 주고, 계량컵 또는 비커를 이용해 용량을 정확히 확인하기
- 정해진 어항에 주어진 용량(우유의 용량과 같은 물)을 남기지 않고/빠르게 물을 채우기 위해서는 어떤 용기를 이용하여/어떤 방법으로 물을 채우는지 토의해보기</td></tr>
</table>

정당화 및 표현	■ 정당화 및 표현활동 - 짝과 토의한 우유 용기별 용량이 차이나는 이유를 전체에서 이야기하기 ;발표한 내용의 공통점과 차이점 발견하고, 서로의 생각 공유하기 - 모둠별로 정리한 우유 이외의 용기의 모양에 따라 달라진 물건들 이야기하기 - 비슷하지만 다르게 용량이 다른 200㎖ 우유를 만든 사람의 입장에서 이유를 정리해서 이야기하기 - (실생활 문제와 연관된 수학적 사고의 연계) 소비자의 입장에서 앞으로 합리적인 소비를 위해 물건을 어떻게 사야할지 토의하기

■ 활동지

즐거운 수학 실험

우유 용기의 비밀을 밝혀라!

활 동 1 어느 우유가 가장 많을까?

• 가설 세우기

1. 우리가 마시는 같은 200 mℓ 우유의 용량은 모두 같을지 이름과 용량표기를 가린 우유를 보고 예상해 봅시다.

• 실험 계획/탐구 실험

1. 실제 우유의 용량을 재어봅시다.

우유 종류	예상 용량(ml)	실제 용량(ml)	차이점
㉮			
㉯			
㉰			
㉱			

3

5학년 수학 실험 수업 설계

제1절 종이비행기 세상

제2절 신비로운 신체의 비밀

제3절 성벽을 쌓아라!

제4절 네비게이터

제1절 종이비행기 세상

■ 활동 개요

1. 목표

1) 종이가 날아간 거리를 측정한 결과를 표나 그래프로 표현하며 수학적으로 의사소통 할 수 있다.
2) 종이를 멀리 날리기 위해 필요한 조건을 추측하여 조건에 알맞은 실험을 설계할 수 있다.
3) 주어진 문제 상황을 해결하기 위한 친구들과의 논의 활동 및 협력 활동을 통해 협동심을 기를 수 있다.

2. 내용

본 활동은 종이를 접어서 날려보고, 종이를 접는 횟수와 날아간 거리 사이의 관계를 탐구한 후 여러 가지 변인을 고려하여 "종이비행기 멀리 날리기" 실험을 설계해 보도록 구성되어 있다. 이는 실험을 통해 얻은 결과를 수학적으로 표현하여 의사소통할 수 있는 기회를 갖도록 하며 평균, 최대값, 최소값, 중앙값 등의 개념을 경험하게 한다. 또한 여러 가지 종목의 종이비행기 날리기 대회에 참가해 보도록 함으로써 수학 실험의 결과를 반성하고, 이를 현실의 문제 상황에 적용하여 실생활의 문제 해결 능력의 향상에 도움이 되도록 한다.

차시	주요 탐구실험 내용	주안점
1	• 멀리, 더 멀리! - 종이를 접는 횟수를 달리하여 날려보고, 접는 횟수와 날아가는 거리 사이의 관계 탐구 - 실험 결과 정리 및 대푯값 결정	수학적 의사소통 활동 수학적 추론 활동
2	• 나는 종이비행기 디자이너 - 종이비행기를 멀리 날리기 위해 고려해야 할 조건 탐구 - 조건을 달리하여 종이비행기를 날리고, 실험 결과 정리 및 발표	수학적 추론 활동
3	• 종이비행기 날리기 대회에 참가하기 - 오래 날리기, 곡예 비행 등 여러 가지 종목에 알맞은 비행기를 설계하여 종이비행기 날리기 대회에 참가하기	수학적 의사소통 활동 수학적 추론 활동

■ 교육과정과의 연계성

본 활동은 측정 및 확률 통계 영역과 관련된 수학 실험이다. 학생들은 종이비행기를 날리고, 그 거리를 측정하기 위해서 올바르게 줄자를 사용하여 측정하고, 그 결과 값을 정확한 수치로 기록할 수 있어야 한다. 즉, cm뿐만 아니라 m의 단위를 이해하고, cm를 m로 m를 cm로 환산할 수 있어야 한다. 이러한 내용은 초등학교 2학년 2학기 3단원 길이재기에서 다루어지고 있다. 하지만 측정한 결과를 자료로 표현하고, 그 결과를 일반화하는 과정에서 확률 통계 영역에서 다루어지는 자료의 정리와 표현, 그리고 대푯값에 대한 개념이 요구된다. 이러한 내용은 5학년 2학기 6단원 자료의 표현과 해석에서 다루어지고 있는 내용으로 이를 반영하여 본 활동을 5학년 활동으로 구성하였다.

종이비행기 세상

2-2-3

- ■ 길이 재기
  - 자를 이용하여 길이 재기
  - 1cm, 1m 이해하기
  - 길이 어림하기

날아간 거리 측정

3-2-7

- ■ 자료정리
  - 막대그래프

4-2-6

- ■ 수의 범위와 어림
  - 올림과 버림

4-2-7

- ■ 꺾은선그래프

5-2-6

- ■ 자료의 표현과 해석
  - 평균
  - 그래프 표현 및 설명

측정 결과 정리 및 분석

교사를 위한 TIP

- 종이나 종이비행기를 날리기 위해서는 넓은 공간이 필요하나, 바깥 활동으로 할 경우 바람의 영향을 받으므로 넓은 강당에서 활동하는 것을 권장한다.
- 종이를 접어서 날리거나 종이비행기를 날리기 전에 인치와 미터가 양면으로 표현된 줄자를 활용할 경우 학생들이 어떤 부분으로 결과를 측정하여야 하는지 정확한 안내가 필요하다. 학생들이 의식하지 않고, 실수로 잘못된 결과 값을 기록하게 되는 경우가 발생할 수 있다.
- 실험에서 모둠원들의 역할을 미리 계획하여 분담하도록 하여 원활한 실험 활동이 이루어지도록 안내한다.
- 본 활동의 주요 목적이 측정을 통해 수집된 자료를 적절히 표현하고, 분석하는 것이기 때문에 복잡한 계산은 계산기를 활용하도록 한다.
- 측정 결과를 그래프로 나타낼 때에는 실제 측정결과를 고려하여 세로축의 범위를 결정하여 표현하도록 한다.

■ 교수-학습 과정안

<table>
<tr><td>활동주제</td><td colspan="3">멀리, 더 멀리!(1/3)</td></tr>
<tr><td>학습목표</td><td>■ 접은 횟수가 다른 종이를 날리고, 그 결과를 표와 그래프로 표현할 수 있다.</td><td>학습
자료</td><td>A4종이,
줄자,
활동지</td></tr>
<tr><td>펀매스
실험과정</td><td colspan="3">교수학습 활동 내용 및 수업의 전개</td></tr>
<tr><td>문제이해</td><td colspan="3">■ 준비 활동(학급 전체 토의)
• 동기유발 및 과제 제시

조용한 교실에서 멀리 떨어진 친구에게 메모를 전달하기 위해 종이를 멀리 날리기 위한 방법을 생각해 봅시다.

• 종이를 멀리 날리기 위한 다양한 방법 생각해 보기(종이의 무게, 접는 횟수, 날리는 방법 등)
• 종이를 접는 횟수와 종이가 날아가는 거리와의 관계에 대해 생각해 보기</td></tr>
<tr><td>가설설정</td><td colspan="3">■ 가설설정활동(모둠 활동)
• 날리는 방법이나 주어진 종이의 크기, 무게 등이 같을 때 종이를 접는 횟수에 따라서 종이가 날아가는 거리가 어떻게 달라질지 예상하고, 가설 세우기

"종이를 접는 횟수가 ○○○ 할수록 종이가 더 멀리 날아갈 것이다."

• 모둠별로 세운 가설들을 비교해 보기</td></tr>
<tr><td>탐구실험</td><td colspan="3">■ 탐구실험활동(모둠 활동)
• 가설을 확인하기 위한 수학 실험을 계획하고 실행하기
① 동일한 A4종이를 한 번도 접지 않은 종이를 포함하여 5번 접는 종이까지 각각 2번씩 던지며 거리를 측정한다.
② 측정한 거리를 표에 기록한다.
③ 모둠별로 기록한 거리를 바탕으로 각각의 종이(접는 횟수가 다른 종이)가 날아간 거리의 최대값, 최소값, 중앙값을 표에 기록한다.</td></tr>
</table>

탐구실험	④ 표에 기록한 결과를 바탕으로 각 종이들의 최대값, 최소값, 중앙값을 그래프에 표현한다. ⑤ 그래프를 보며 가장 멀리 날아간 종이와 가장 조금 날아간 종이를 찾아낸다.
가설검증	■ 가설검증활동(학급 전체 토의) • 실험 결과를 바탕으로 종이를 접는 횟수에 따라서 종이가 날아가는 거리가 어떻게 달라졌는지 확인하기
정당화 및 표현	■ 정당화 및 표현활동(학급 전체 토의) • 각 모둠별 발표 내용 비교해보기 • 각 모둠별 발표를 듣고 왜 그러한 결과가 나왔는지 이야기 나누기

<table>
<tr><td>활동주제</td><td colspan="3">나는 종이비행기 디자이너(2/3)</td></tr>
<tr><td>학습목표</td><td>멀리 날아갈 수 있는 비행기의 조건을 고려하여 종이비행기를 설계할 수 있다.</td><td>학습
자료</td><td>A4종이(재질이나 두께가 다른 종이), 줄자, 스테플러, 스카치테이프 등</td></tr>
<tr><td>펀매쓰
실험 과정</td><td colspan="3">교수 · 학습 활동 내용 및 수업의 전개</td></tr>
<tr><td>문제이해</td><td colspan="3">■ 준비 활동(학급 전체 토의)
• 동기유발 및 상황제시

– 한 친구의 도움을 요청하는 편지 –
나는 20○○년 코리안컵 종이비행기 날리기 대회에 출전하려고 합니다. 이 대회에 출전하기 위해 멀리 날 수 있는 종이비행기를 만들고 싶습니다. 어떻게 하면 멀리 날 수 있는 종이비행기를 만들 수 있을지 궁금합니다.

• 주어진 종이가 동일할 때 종이비행기를 멀리 날리기 위해 필요한 조건들이 어떠한 것이 있을지 생각해 보기(날리는 각도, 무게, 무게중심 등)
• 왜 그러한 것들이 종이비행기를 멀리 날리는데 영향을 줄 수 있는지 생각하고, 발표하기</td></tr>
<tr><td>가설설정</td><td colspan="3">■ 가설설정활동(모둠 활동)
• 종이비행기를 멀리 날리기 위해 필요한 조건을 생각하여 가설 세우기

“종이비행기를 ○○○할수록 종이비행기가 더 멀리 날아갈 것이다.”

• 모둠별로 세운 가설들을 비교해 보기</td></tr>
<tr><td>탐구실험</td><td colspan="3">■ 탐구실험(모둠 활동)
• 가설을 확인하기 위한 수학 실험을 계획하고 실행하기
※ 기본적으로 접는 방법은 동일하게 하고, 확인하고자 하는 조건들만 변형시켜서 실험을 계획하도록 한다. (예) 날리는 각도 변형, 접는 종이의 종류를 달리하여 무게 변형, 스테플러로 앞 · 뒤의 무게중심을 변화시키기</td></tr>
</table>

탐구실험	• 설계한 종이비행기 만들기 • 종이비행기를 날려보고, 변형시킨 조건에 따라 날아간 거리에 어떠한 차이가 있는지 표나 그래프로 표현하기
가설검증	■ 가설검증활동(학급 전체 토의) • 실험 결과를 바탕으로 종이비행기를 멀리 날리기 위해서는 어떠한 조건이 필요한지 각 모둠별로 정리한 결과 발표하기
정당화 및 표현	■ 정당화 및 표현활동(학급 전체 토의) • 각 모둠별 발표 내용 비교해보기 • 각 모둠별 발표를 듣고 왜 그러한 결과가 나왔는지 이야기 나누기

<table>
<tr><td>활동주제</td><td colspan="3">종이비행기 날리기 대회에 참가하기(3/3)</td></tr>
<tr><td>학습목표</td><td>여러 가지 비행에 적합한 종이 비행기를 만들고, 날릴 수 있다.</td><td>학습
자료</td><td>종이비행기 만들 재료, 줄자, 측정 기록지</td></tr>
<tr><td>편매쓰
실험 과정</td><td colspan="3">교수 · 학습 활동 내용 및 수업의 전개</td></tr>
<tr><td>문제이해</td><td colspan="3">■ 준비 활동(학급 전체 토의)
• 동기유발 및 상황제시

멀리 날아갈 수 있는 종이 비행기를 만들 수 있게 된 나도 20◯◯년 코리안컵 종이비행기 날리기 대회에 출전하려고 합니다. 그런데 이 대회에는 멀리 날리기 뿐만 아니라 오래 날리기, 곡예비행, 점보비행 등 다양한 참가 종목이 있습니다. 여러분도 저도 함께 참가해 보세요.

• 나는 어떤 종목에 참가할지 그 종목에 알맞은 비행기를 어떻게 만들 수 있을지 생각하기</td></tr>
<tr><td>가설설정</td><td colspan="3">■ 가설설정활동(짝 활동)
• 짝과 함께 선택한 종목에 알맞은 비행기를 제작하기 위해 고려해야 할 것들을 정리하여 가설설정하기
• 짝과 함께 세운 가설을 발표하며 여러 가설들과 비교하고, 수정하기</td></tr>
<tr><td>탐구실험</td><td colspan="3">■ 탐구실험(짝 활동)
• 가설을 확인하기 위한 수학 실험을 계획하고 실행하기
※ 기본적으로 접는 방법은 동일하게 하고, 확인하고자 하는 조건들만 변형시켜서 실험을 계획하도록 한다.
• 설계한 종이비행기 만들기
• 기본종이비행기와 내가 제작한 종이비행기를 선택한 종목에 알맞게 날려보고, 결과 기록하기(3회 이상 날린 결과를 바탕으로 종이비행기 제작하기)
• 선택한 종목에 알맞은 비행기를 만들기 위해 위의 활동을 반복하면서 가장 알맞은 비행기 제작하기</td></tr>
</table>

가설검증	■ 가설검증활동(전체 활동) • 종이비행기 대회 실시하기 ※ 2회 날린 후 좋은 결과로 기록 • 각 종목별로 가장 잘 날린 비행기 순서대로 선정
정당화 및 표현	■ 정당화 및 표현활동(학급 전체 토의) • 각 종목별로 가장 잘 날린 비행기의 설계 및 실험과정 발표하기 • 각 종목에 알맞은 비행기의 조건에 대해 정리하고, 그러한 결과가 나온 이유에 대해 생각해 보기

■ 활동지

즐거운 수학 실험

종이비행기 세상

활 동 1 멀리, 더 멀리!

• **가설 세우기**

1. 종이를 접는 횟수에 따라서 종이가 날아가는 거리가 어떻게 달라질지 예상하여 봅시다.

   "종이를 접는 횟수가 [　　　　　　　　　　]
   종이가 더 멀리 날아갈 것이다."

• **탐구 실험**

1. 어떤 순서로 실험을 진행할 지 친구들과 함께 살펴봅시다.
   ① 종이 접기
   ② 2번씩 던지며 거리 측정하기
   ③ 측정한 거리를 표에 기록하기
   ④ 최대값, 최소값, 최대값과 최소값의 중간값을 그래프에 표현하기
   ⑤ 결과 분석하여 가장 멀리 날아간 종이와 가장 조금 날아간 종이 찾기

2. 종이를 접어서 날린 결과를 다음 표에 기록해 봅시다.

종이를 접은 횟수	1차-날아간 거리(cm)	2차-날아간 거리(cm)
0		
1		
2		
3		
4		
5		

3. 종이를 접어서 날린 결과를 다음 그래프에 표현해 봅시다.

- 각각의 종이가 날아간 거리의 최대값, 최소값, 최대값과 최소값의 중간값을 표현 -

날아간 거리(cm) / 접은 횟수	0회 접기	1회 접기	2회 접기	3회 접기	4회 접기	5회 접기

활 동 2 나는 종이비행기 디자이너

- **가설 세우기**

1. 종이비행기를 멀리 날리는데 어떤 조건이 영향을 줄지 생각하여 다음의 가설을 완성시켜 봅시다.
   "종이비행기는 [   ] 더 멀리 날아갈 것이다."

- **탐구 실험**

1. 예상한 것을 확인하기 위해 어떤 조건을 바꾸어 실험을 해야 할지 생각해 봅시다.

기본 비행기	변형 비행기
주어진 종이 접기 방법에 따라 A4종이를 이용하여 비행기를 접어 날린다.	기본 비행기를 이용하여 ( )을 다르게 하여 비행기를 날린다.

2. 어떤 순서로 실험을 진행할지 친구들과 의논하여 계획해 봅시다.

①

②

③

④

⑤

3. 비행기가 날아간 거리를 측정한 결과를 다음 표에 정리하여 봅시다.

구분	1회	2회	3회		
기본비행기					

4. 위의 실험 결과를 바탕으로 각각의 비행기가 멀리 날아간 순서대로 정리하여 봅시다.

순위	①	②	③	④	⑤	⑥	⑦
비행기 구분							
날아간 거리							

▷ 어떤 방법으로 각각의 비행기의 날아간 거리를 결정했는지 설명해 봅시다.

활동 3 종이비행기 날리기 대회에 참가하기

• 가설 세우기

- 나의 참가 희망 종목 : ① 오래 날리기 ② 곡예 비행 ③ ________
- 비행기를 만들 때 고려할 것 :

• 탐구 실험

1. 내가 제작한 종이비행기를 날려 보고, 종목에 알맞은 측정 기록을 정리해 봅시다(3회 이상 날린 결과를 바탕으로 종이비행기 제작하기).

구분	1회	2회	3회	비고

2. 최종적으로 대회에 참가하기 위해 설계한 비행기에 대해 자세히 설명해 봅시다.

참고자료

가. 2차시 나는 종이비행기 디자이너 – 기본 비행기 접기 방법

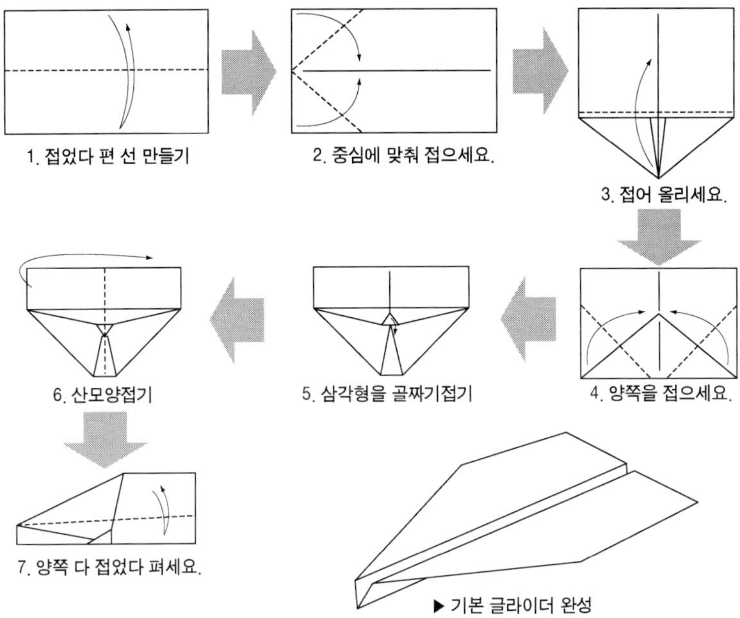

나. 2차시 나는 종이비행기 디자이너 – 실험 설계 참고

1) 날리는 각도의 변화 0°, 30°, 45°, 60° - 우드락과 할핀을 이용하여 각도 조절하여 사용

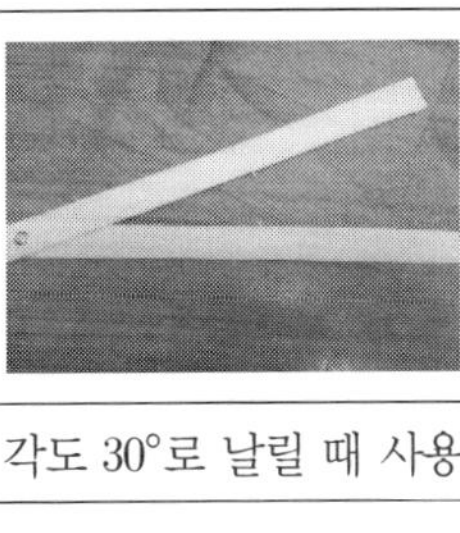	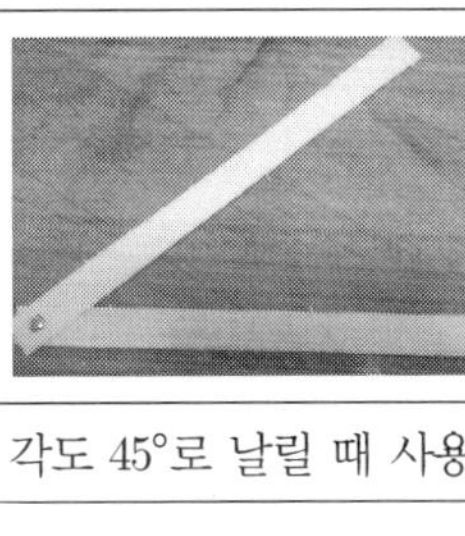	
각도 30°로 날릴 때 사용	각도 45°로 날릴 때 사용	각도 60°로 날릴 때 사용

2) 종이 두께의 변화 기름종이(갱지, 습자지 등으로 사용), 일반 A4 종이, 도화지 혹은 머메이드지(혹은 80g, 120g, 180g으로 무게를 달리하여 사용)

기름종이	색상 A4종이	머메이드지

3) 종이 비행기 무게중심의 변화 앞, 중간, 뒤(혹은 스테플러를 이용하여 무게중심 변화)

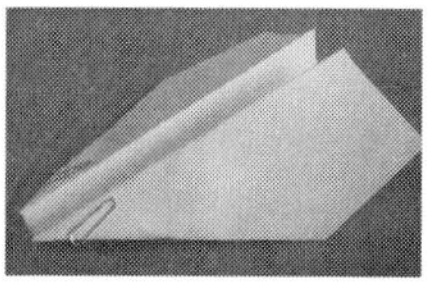	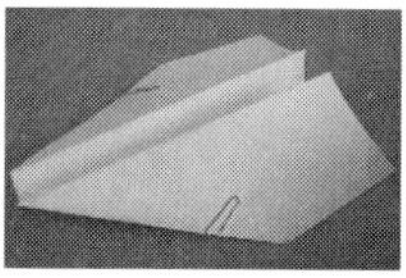	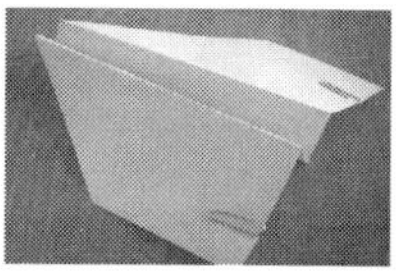
무게중심이 앞에 있는 경우	무게중심이 중간에 있는 경우	무게중심이 뒤에 있는 경우

다. 3차시 종이비행기 날리기 대회에 참가하기 – 심사 기준 참고

[오래 날리기]

- 초 단위로 기록하여 측정하며 1인 2회 날려서 최고 기록으로 심사

[곡예비행]

- 1인 2회로 날려서 최고기록으로 심사
- 점수 : 비행시간(초 단위) + 훌라후프 통과 여부 점수(5)

제2절 신비로운 신체의 비밀

■ 활동 개요

1. 목표

1) 여러 신체 부위의 길이를 측정하여 수집한 자료를 바탕으로 각각의 신체 부위의 길이 사이에서 나타나는 관계를 찾아낼 수 있다.
2) 각각의 신체 부위의 길이 사이에서 나타나는 관계를 수학적으로 표현하여 수학적 의사소통을 할 수 있다.
3) 일상적으로 알려진 사실에 의구심을 가지고 스스로 계획하여 수학적으로 탐구하려는 태도를 가질 수 있다.

2. 내용

본 활동은 여러 신체 부위의 길이 사이에 밀접한 관계가 있음을 경험하여 신체의 아름다움과 신비로움을 느끼며 수학적으로 탐구해 볼 수 있도록 하였다. 그래서 첫 차시는 신체 여러 부위의 길이를 측정하고, 그 결과를 수집하여 학생들 스스로 관계를 찾아보도록 구성하였다. 또한 학생들이 단순히 관계를 추측하는 것에서만 머물지 않고, 결과를 수학적으로 표현하고 정리하여 다른 사람들과 의사소통할 수 있는 기회를 제공하는 것을 주안점으로 삼았다.

두 번째는 기존에 알려진 "키"와 "무릎에서 발까지의 길이" 사이의 관계가 모든 사람들에게 적용될 수 있는지를 검증하기 위한 활동으로 구성하였다. 이를 위해 학생들의 신체를 직접 측정해 보고, 그 결과를 바탕으로 위에서 언급된 관계가 학생들에게도 적용되는지 그렇지 않은지를 분석된 결과를 바탕으로 추론해 볼 수 있도록 하였다.

마지막으로는 "키"와 관련된 새로운 신체 부위의 길이를 발견하기 위해 학생 스스로 문제 인식을 가지고, 탐구해 볼 수 있도록 하였다. 이를 통해 학생들은 스스로 수립한 가설을 확인하기 위해 알맞은 실험을 계획하고, 수집된 결과를 바탕으로 논리적으로 새로운 관계를 발견해 내는 수학적 추론의 기회를 경험 할 수 있을 것으로 기대된다.

차시	주요 탐구실험 내용	주안점
1	• 신기한 신체 탐험의 세계로~ - 손목둘레와 목둘레, 손목둘레와 엄지의 둘레 사이의 관계 탐구	수학적 의사소통 활동
2	• 내 키가 맞을까?(1) - 기존에 알려진 관계가 모든 사람에게 맞을지 직접 측정하여 검증하기	수학적 추론 활동
3	• 내 키가 맞을까?(2) - 키와 관련된 새로운 신체 부위의 길이 찾기	수학적 추론 활동 및 수학적 글쓰기

■ 교육과정과의 연계성

본 활동은 측정 및 확률 통계 영역과 관련된 수학 실험이다. 학생들의 신체를 측정하기 위해서는 측정을 위한 기본 개념이 밑바탕이 되어야 한다. 즉, 측정의 올바른 방법 및 올바른 단위의 선택, 단위 사이의 관계와 같이 2학년 교육과정 내용 영역에서 다루어지는 측정의 기초적인 개념만으로 충분히 활동 가능하다.

하지만 측정한 결과를 올림이나 버림을 통해 적정한 수치로 나타내고, 그 결과를 자료로 표현하고, 일반화하는 과정에서 확률 통계 영역과 수와 연산 영역에서 다루어지는 보다 고차원적인 수학적 사고와 지식이 요구된다. 특히, 5학년에 비율 그래프를 제외한 다양한 그래프를 경험하고, 이러한 경험을 바탕으로 목적에 맞게 자료를 수집하고 정리하여 적절한 그래프로 나타낼 수 있다. 이러한 이유는 본 활동이 5학년의 활동으로 구성된 주된 까닭이기도 하다.

또한 본 활동은 소수의 활용 및 소수의 곱셈과 관련된 수와 연산 내용을 포함하고 있다. 이는 5학년 때 다루어지는 소수의 곱셈과 나눗셈에 대한 이해를 바탕으로 하고 있다. 하지만 연산의 이해 및 활용이 주요 목적이 아닌 까닭에 이러한 복잡한 연산은 계산기로 대신하도록 한다.

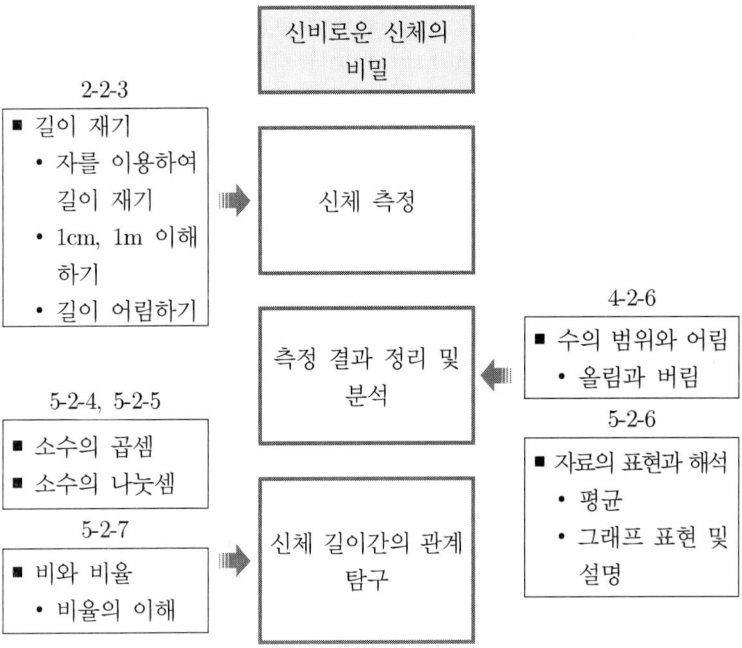

교사를 위한 TIP

- 신체를 측정하는 가운데 발생할 수 있는 학생들 사이의 문제를 최소화하기 위해 학생들이 지켜야 할 규칙을 사전에 학생들과 공유하는 시간을 충분히 갖고 활동을 시작하도록 한다. 또한 신체 측정 결과가 학생들의 개인적인 신체의 특징으로 인식되어 수업과는 별개로 학생 개개인의 심리상태에 부정적인 영향을 주지 않도록 각별한 주의와 교사의 주의 깊은 관찰이 필요하다.

- 본 활동의 주요 목적이 측정을 통해 수집된 자료를 적절히 표현하고, 분석하는 것이기 때문에 복잡한 계산은 계산기를 활용하도록 한다.

- 측정하기 이전에 줄자의 올바른 사용법을 안내하고, 측정할 부위에 대한 공통된 기준을 가지고 측정 할 수 있도록 한다.

■ 교수–학습 과정안

<table>
<tr><td>활동주제</td><td colspan="3">신기한 신체 탐험의 세계로(1/3)</td></tr>
<tr><td>학습목표</td><td>1. 키와 무릎에서 발까지의 길이 사이 간에 관계를 알 수 있다.
2. 알맞은 근거를 들어 기존의 관계에 대한 자신의 생각을 정리하여 발표할 수 있다.</td><td>학습 자료</td><td>줄자, 계산기</td></tr>
<tr><td>펀매스 실험과정</td><td colspan="3">교수학습 활동 내용 및 수업의 전개</td></tr>
<tr><td>문제이해</td><td colspan="3">■ 준비 활동(학급 전체 토의)
• 동기유발 및 과제 제시

[꿈 속에서 간 소인국]
걸리버 책을 읽고 잠을 잤더니 꿈속에서 내가 소인국에 간 꿈을 꾸었어요. 소인국에 사는 사람들은 자신들보다 큰 내 모습에 신기해하면서 내 주위를 돌아보면 나를 보았어요. 소인국에 사는 사람들은 손재주가 좋았어요. 특히 옷을 만드는 솜씨는 일품이었어요. 그래서 나에게 옷을 만들어 주고 싶다고 했어요. 그런데 내가 키가 너무 커서 키를 잴 수가 없을 것 같다고 하니, 소인국 사람이 ‘키는 무릎에서 발까지의 길이×2.6+25.5를 하면 알 수 있어요’라고 말했어요. 정말 이 말이 사실일까요?</td></tr>
<tr><td>가설설정</td><td colspan="3">■ 가설설정활동(모둠 활동)
• 모둠별로 이들의 관계가 드러나도록 가설을 세우기
• 모둠별로 세운 가설들을 비교해 보기

소인국 사람이 말한 키=무릎에서 발까지의 길이×2.6+25.5일까?</td></tr>
<tr><td>탐구실험</td><td colspan="3">■ 탐구실험활동(모둠 활동)
• 모둠별로 각각의 관계를 알아보기 위한 실험 설계하기
• 계획한 과정으로 실제 측정하기(단위를 어떻게 할 것인지에 대한 논의도 이뤄지도록 함)
• 관계를 알아볼 수 있도록 모둠별 각자의 방법을 통해서 측정한 결과를 정리하기</td></tr>
</table>

가설검증	■ 가설검증활동(학급 전체 토의) • 실행한 내용에 따른 결론이 앞서 세운 가설과 일치하는 지를 확인하기 • 가설이 맞지 않아 옷을 제작할 수가 없다면 어떻게 수정하여 옷을 만들어야 하는 지와 맞지 않는 이유 생각해 보기 • 수정한 값이 맞는지 다른 조원들의 신체를 측정하여 그 값을 확인해 보기
정당화 및 표현	■ 정당화 및 표현활동(학급 전체 토의) • 가설 검증 단계에서 식이 일치하지 않았던 이유 정리하기 • 가설 검증 단계에서 확인한 키를 바르게 측정할 수 있는 식을 표현하고 과정 정리하기 • 일치하지 않는 결과가 나온 것에 대해 서로 이유 찾아보기

<table>
<tr><td>활동주제</td><td colspan="3">내 키가 맞을까?(2/3)</td></tr>
<tr><td>학습목표</td><td>1. 신체를 측정하고, 그 결과를 알맞은 단위와 표현 방법을 이용하여 정리할 수 있다.
2. 손목둘레와 목둘레, 손목둘레와 엄지의 둘레 간의 관계를 알 수 있다.</td><td>학습 자료</td><td>줄자</td></tr>
<tr><td>펀매스 실험과정</td><td colspan="3">교수학습 활동 내용 및 수업의 전개</td></tr>
<tr><td>문제이해</td><td colspan="3">■ 준비 활동(학급 전체 토의)
1) 동기유발 및 과제 제시
• itruvius의 인체비례 사진 보기
- 신체에는 보이지 않는 숨겨진 비가 있음을 느끼기
- 그 예로 머리둘레와 신체 비율에 대한 예나 팔목부터 팔꿈치 사이의 거리가 자신의 신발 사이즈라는 관계 제시를 통해서 확인하기
- 손목둘레와 목둘레, 손목둘레와 엄지의 둘레는 어떤 관계가 있는지에 대한 문제를 제시하기
☞ 학생들로 하여금 신체 각 부분에 어떤 관계가 있을지 자유롭게 예상할 수 있는 기회를 제공한다.</td></tr>
<tr><td>가설설정</td><td colspan="3">■ 가설설정활동(모둠 활동)
• 모둠별로 이들의 관계가 드러나도록 가설을 세우기
• 모둠별로 세운 가설들을 비교해 보기

손목둘레와 목둘레, 손목둘레와 엄지의 둘레는 어떤 관계가 있을까?</td></tr>
<tr><td>탐구실험</td><td colspan="3">■ 탐구실험활동(모둠 활동)
• 모둠별로 각각의 관계를 알아보기 위한 실험 설계하기
• 계획한 과정으로 실제 측정하기(단위를 어떻게 할 것인지에 대한 논의도 이뤄지도록 함)
• 관계를 알아볼 수 있도록 모둠별 각자의 방법을 통해서 측정한 결과를 정리하기</td></tr>
<tr><td>가설검증</td><td colspan="3">■ 가설검증활동(학급 전체 토의)
• 실행한 내용에 따른 결론이 앞서 세운 가설과 일치하는 지를 확인하기
• 일치하지 않다면 다른 결론이 나온 것을 정리하여 결론을 제시하기</td></tr>
</table>

가설검증	• 한 학급 모든 사람의 데이터를 모아 결론에 좀 더 일치되는지 그렇지 않은 지에 대해 생각해 보기
정당화 및 표현	■ 정당화 및 표현활동(학급 전체 토의) • 모둠 내에서 정리한 결론 내용 발표하기 • 일치하지 않는 결과가 나온 것에 대해 서로 이유를 찾아보기

<table>
<tr><td>활동주제</td><td colspan="3">내 키가 맞을까?(3/3)</td></tr>
<tr><td>학습목표</td><td>1. 신체에서 서로 관련된 신체부위의 관계를 새롭게 발견할 수 있다.
2. 자신이 발견한 관계를 다른 사람에게 효과적인 방법으로 설명할 수 있다.</td><td>학습
자료</td><td>줄자</td></tr>
<tr><td>펀매스
실험과정</td><td colspan="3">교수학습 활동 내용 및 수업의 전개</td></tr>
<tr><td>문제이해</td><td colspan="3">■ 준비 활동(학급 전체 토의)
• 동기유발 및 과제 제시
• 키를 보다 쉽게 어림하기 위해 키와 관련된 신체길이 중 간단하게 비교 가능한 신체부위가 어디일지 추측해 보기
• 키와 양팔길이 사이에 어떤 관계가 있는지를 살펴보고, 같은 학년의 친구들에게 안내장 만들기</td></tr>
<tr><td>가설설정</td><td colspan="3">■ 가설설정활동(모둠 활동)
• 모둠별로 이들의 관계가 드러나도록 가설을 세우기
• 모둠별로 세운 가설들을 비교해 보기
5학년 학생들의 키와 양팔길이 사이에는 어떤 관계가 있을까?</td></tr>
<tr><td>탐구실험</td><td colspan="3">■ 탐구실험활동(모둠 활동 또는 전체 활동)
• 모둠별로 각각의 관계를 알아보기 위한 실험 설계하기
• 계획한 과정으로 실제 측정하기(단위를 어떻게 할 것인지에 대한 논의도 이뤄지도록 함)
• 관계를 알아볼 수 있도록 모둠별 각자의 방법을 통해서 측정한 결과를 정리하기(보다 정확한 결과를 얻기 위해 전체 학생들의 자료를 활용할 수 있음)</td></tr>
<tr><td>가설검증</td><td colspan="3">■ 가설검증활동(학급 전체 토의)
• 실행한 내용에 따른 결론이 앞서 세운 가설과 일치하는 지를 확인하기</td></tr>
<tr><td>정당화
및 표현</td><td colspan="3">■ 정당화 및 표현활동(학급 전체 토의)
• 같은 학년의 친구들에게 키와 양팔길이 사이의 관계에 대한 안내문 만들기(가설이 어떤 방법으로 확인되었는지를 포함)
• 모둠 내에서 완성한 안내문의 내용을 발표하기
• 모둠별로 일치하지 않는 결과가 나온 것에 대해 서로 이유를 찾아보기</td></tr>
</table>

■ **활동지**

즐거운 수학 실험

신비로운 신체의 비밀

활 동 1 신기한 신체 탐험의 세계로~

• 가설 세우기

1. 소인국 사람이 말한 키와 무릎에서 발까지의 길이 사이의 관계가 나에게도 맞는 관계일지 추측해 봅시다. 그렇게 추측한 이유도 함께 적어 봅시다.

〈나의 추측〉

〈왜 그렇게 생각했나요?〉

• 탐구 실험

1. 모둠원들의 실제 키와 무릎에서 발까지의 길이를 측정하여 기록해 봅시다.

모둠원 번호	키	무릎에서 발까지의 길이
㉮		
㉯		
㉰		
㉱		

2. 칠판 위의 그래프에 모둠원들의 키와 무릎에서 발까지의 길이를 점으로 표현하여 봅시다.

• 가설 검증

1. 칠판 위의 그래프를 보고 모둠원들과 의논하여 초등학생에게 키와 무릎에서 발까지의 길이는 어떤 관계가 있는지 새로운 관계식을 찾아 수학적으로 표현해 봅시다.(관계식으로 표현 할 수 없다면 소인국 사람들이 말한 키와 무릎에서 발까지의 길이가 실제 측정한 값과 어떻게 차이가 있는지 설명해 봅시다.)

활동 2 내 키가 맞을까?

• 가설 세우기

1. 손목둘레와 목둘레, 손목둘레와 엄지의 둘레 사이에는 어떤 관계가 있을지 생각해 봅시다.

• 실험 계획

1. 실험에 필요한 준비물은 무엇이 있을지 생각해 봅시다.

2. 어떤 순서로 실험을 진행할 지 생각하여 적어봅시다.

①

②

③

④

- **탐구 실험**

1. 손목둘레와 목둘레, 손목둘레와 엄지의 둘레를 측정한 결과를 기록해 봅시다.

모둠원	손목둘레	목둘레	엄지의 둘레
㉮			
㉯			
㉰			
㉱			

2. 측정 결과를 바탕으로 손목둘레와 목둘레, 손목둘레와 엄지의 둘레 사이의 관계를 정리해 봅시다.

활동 3 내 키가 맞을까?

• 가설 세우기

1. 키와 양팔길이 사이에 어떤 관계가 있을지 자신이 추측한 내용을 적어 봅시다. 또는 키와 다른 신체 부위와 어떤 관계가 있을지 자신의 생각을 적어 봅시다.

• 탐구 실험

1. 자신이 추측한 내용을 생각하여 직접 측정한 결과를 기록하여 확인해 봅시다.

모둠원 번호	키	양팔길이	(　　　　)
㉮			
㉯			
㉰			
㉱			

• **정당화 및 표현**

1. 자신이 수학실험을 통해 발견한 키와 특정 신체 부위 사이의 관계에 대해 친구들에게 설명해 봅시다. 그리고 이러한 관계를 발견한 것이 어떤 의미가 있는지도 이유를 들어 설명해 봅시다.

참고자료

가. 차시 손목둘레와 엄지둘레 측정 방법

- 손목둘레나 엄지둘레를 측정하기 위해 학생들과 사전에 어떤 부분을 측정할 것인지에 대하여 정확한 기준을 제시하고 측정하도록 한다.

[예시]

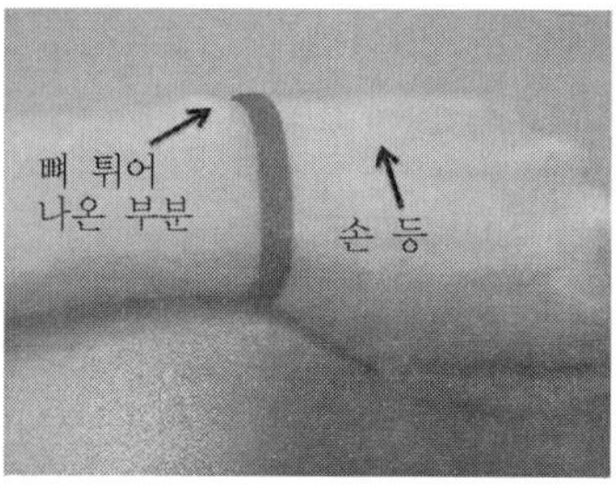	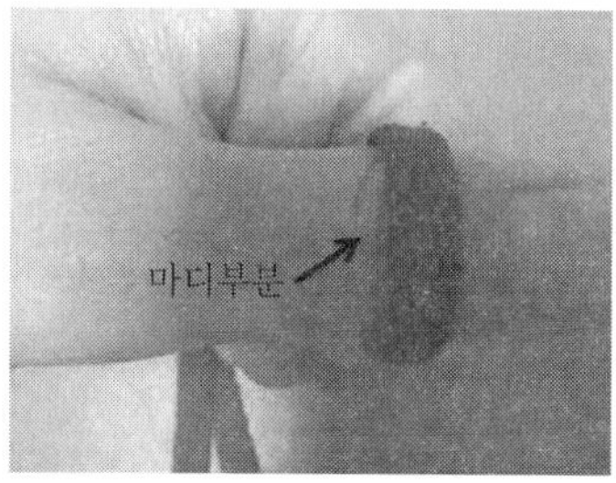
손목둘레 측정방법 참고	엄지둘레 측정방법 참고

나. 2차시 무릎에서 발까지의 길이 측정 방법

- 무릎에서 발까지의 길이를 측정하기 위해 학생들과 사전에 어떤 부분을 측정할 것인지에 대하여 정확한 기준을 제시하고 측정하도록 한다.

[예시]

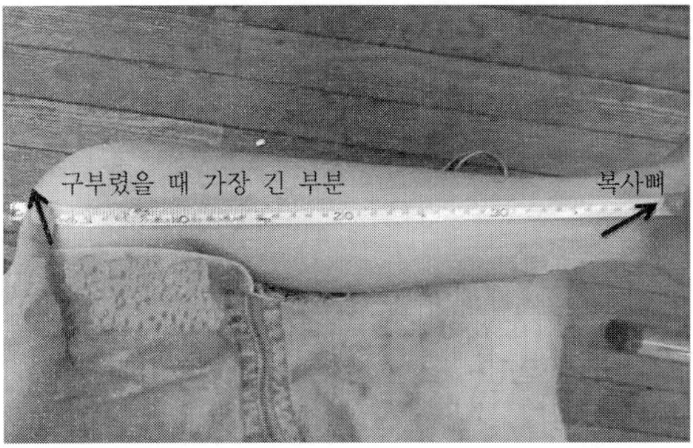

무릎에서 발까지의 길이 측정 방법

다. 2차시 키와 무릎에서 발까지의 길이 사이의 관계 표현

키와 무릎에서 발까지의 길이를 그래프로 표현할 때 학생들과 그래프의 범위를 논의하여 결정하도록 한다. 키(Y축)의 범위와 무릎에서 발까지의 길이(X축)의 범위를 어떻게 정하느냐에 따라 그래프로 표현하였을 때 차이가 있음을 아래의 자료를 통해 이해할 수 있도록 한다.

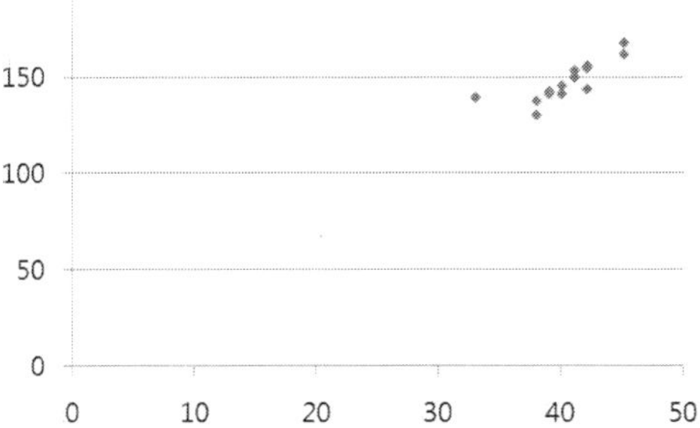

① 무릎에서 발까지의 길이(x축)의 범위를 0cm~50cm로 한 경우

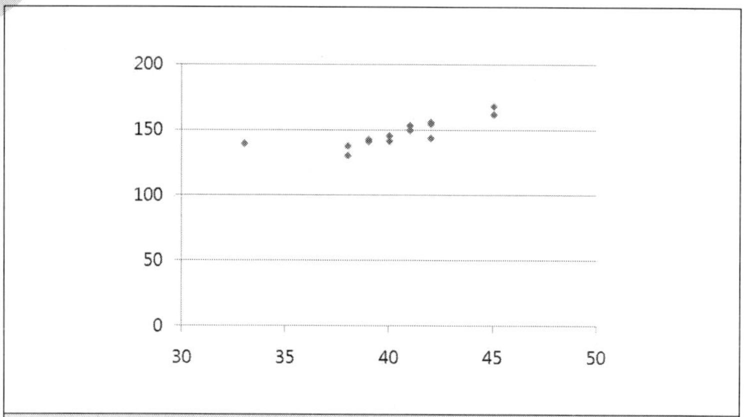

② 무릎에서 발까지의 길이(x축)의 범위를 30cm~50cm로 한 경우

제3절 성벽을 쌓아라

■ 활동 개요

1. 목표

1) 성 모양에서 발견한 규칙을 말로 표현하여 제시한 성벽과 똑같이 쌓아볼 수 있다.
2) 성벽에서 패턴을 발견하고 길이와 형태를 수학적 기호와 식으로 표현할 수 있다.

2. 내용

본 활동은 크게 규칙적으로 쌓아 놓은 성벽을 보고 규칙을 발견하고 이를 수학적 기호나 수식으로 표현해보는 탐구실험, 수학적 기호나 수식이 의미하는 바를 해석하여 성벽을 쌓는 탐구실험으로 구성되어 있다.

이는 구체물을 추상적이고 상징적인 수학적 표현으로 나타내고 인식하며 궁극적으로는 함수식을 나타내어 보는 기초 과정이라고 할 수 있다. 즉, 카프라와 쌓기나무가 놓여진 순서와 개수에서 패턴을 발견하여 몇 가지 변수로 나타낸 후, 그 변수간의 관계를 이해하게 함으로써 함수 개념을 이해하게 한다.

차시	주요 탐구실험 내용	주안점
1-2	• 규칙을 말해봐 - 교사가 쌓은 성벽을 가림판으로 가린 후, 모둠대항으로 하여 제시한 성벽과 같은 모양을 먼저 쌓은 팀이 우승하는 게임 활동	수학적 의사소통 활동, 수학적 표현
3	• 호랑이부족과 곰부족의 대결! - 각 부족에서 암호 작성팀과 암호 해독팀으로 나누어 자신의 부족 성벽을 정확히 쌓는 게임	수학적 추론 활동 수학적 의사소통 활동

■ 교육과정과의 연계성

본 활동은 규칙성과 문제 해결 영역과 관련된 수학 실험이다. 규칙성과 문제 해결 영역에서는 초등학교 1학년부터 4학년까지 다양한 변화 속에서 규칙을 찾고 표현하며 문제를 해결하게 하고, 5학년에서는 여러 가지 방법으로 문제를 해결하고 해결방법의 타당성을 검토하게 하며 6학년에서는 방정식, 정비례와 반비례 함수 관계로 점차 심화된다.

'성벽을 쌓아라' 수학 실험 활동은 5학년을 대상으로 하는데, 그 이유는 5학년이 규칙을 추측하고 말이나 글로 표현하고 논리적 추론을 연습하는 활동이 강조된 4학년에서, 함수식으로 심화되는 6학년으로 가는 과도기적 단계이기 때문이다. 따라서 총 3차시 중 1-2차시는 4학년에서 학습한 것을 위주로 활동하게 하고, 3차시에서는 수학적 식 표현을 도입함으로써 6학년 학습의 전 단계를 돕도록 구성하였다.

성벽을 쌓아라

4-1-8, 4-2-8

- 규칙찾기
  - 다양한 변화 규칙을 수로 표현하기
  - 규칙을 추측하여 말이나 글로 표현하기
- 규칙과 대응
  - 두 양사이의 대응 관계를 파악하고 □, △를 사용한 식 만들기

→ 교사가 제시하는 성벽의 규칙을 발견하고 말이나 글로 규칙을 표현하기

5-2-8

- 문제해결 방법
  - 여러가지 방법으로 문제해결
  - 문제해결 타당성 검토

6-22-8

- 정비례와 반비례
  - 두 수 사이의 대응관계를 미지수로 나타내기

← 성벽의 형태와 길이를 미지수로 표현하고, 이를 다시 성벽으로 표현하기

교사를 위한 TIP

- 블록의 규칙을 말이나 글로 표현해내는데 익숙하지 않은 어린이들에게 다소 어려울 수 있으므로 충분한 연습의 기회를 제공해 주어야 한다. 또한 학습자의 선수 능력에 따라 융통성 있게 게임의 난이도를 조절하여 진행할 수 있다.
- 학생들이 단순히 직육면체는 X, 정육면체는 Y로 두고 나열하며 그 외 더 이상의 진전이 없다면, 교사가 패턴 한 단위를 미지수로 놓는 경우도 힌트로 줄 수 있다. 가능하면 학생들이 발견해낼 수 있도록 유도한다.

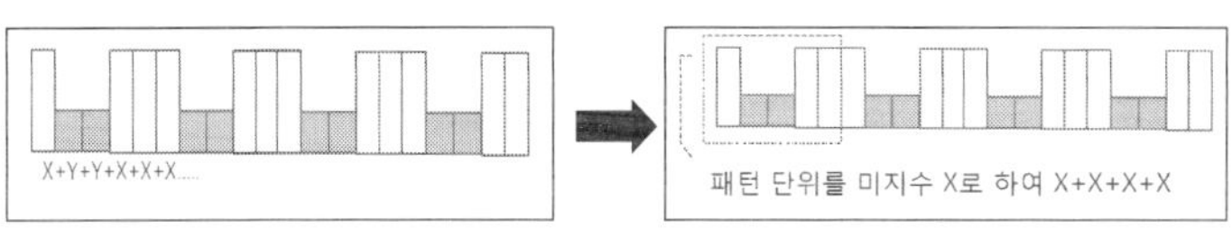

■ 교수-학습 과정안

<table>
<tr><td>활동주제</td><td colspan="3">성벽을 쌓아라(1-2/3)</td></tr>
<tr><td>학습목표</td><td>1. 성벽모양에서 나타난 규칙을 찾아 말로 설명할 수 있다.
2. 성벽모양에서 발견한 규칙을 수학적으로 표현할 수 있다.</td><td>학습 자료</td><td>도화지, 카프라, 쌓기나무(두가지 형태의 나무 블록이면 됨)</td></tr>
<tr><td>펀매스 실험과정</td><td colspan="3">교수학습 활동 내용 및 수업의 전개</td></tr>
<tr><td>문제이해</td><td colspan="3">■ 준비 활동(학급 전체 토의)
1) 동기유발 및 과제 제시
• 학습자의 이해를 돕기 위한 사진 및 그림 자료 제시: 다양한 성벽 자료 제시
2) 게임방법 확인

선생님이 쌓은 성벽을 보고 그대로 쌓아볼 수 있을까요? 단, 모둠별로 한명만 성벽을 볼 수 있답니다. 말로 설명해서 똑같이 쌓아볼까요? 제일 먼저 똑같이 쌓은 팀이 1점을 얻게 됩니다. 총 4번 하게 되며 가장 높은 점수를 획득한 팀이 우승하게 됩니다.

• 규칙을 간단하게 설명할 수 있는 방법 생각해보기</td></tr>
<tr><td>가설설정</td><td colspan="3">■ 가설설정활동(개별 활동)
• 성벽의 규칙을 말로 설명하려면 어떻게 해야할지 방법을 써보기

성벽의 규칙을 말로 설명하려면,(   )</td></tr>
<tr><td>탐구실험</td><td colspan="3">■ 탐구실험활동
• 교사가 제시하는 성벽모양을 모둠대표만 나와서 확인하고 말로 설명하여 성벽을 쌓도록 하기
• 모둠별로 성벽을 쌓을 결과를 살펴보고 원래의 성벽 형태와 비교해보기</td></tr>
</table>

가설검증	■ 가설검증활동 • 자신이 설명해 본 성벽의 규칙을 글로 써보고 다른 모둠에서는 어떻게 표현했는지 자신의 것과 비교해보기
정당화 및 표현	■ 정당화 및 표현활동 • 성벽에 나타난 규칙에 대해 각 모둠별로 기록한 내용과 비교해보기 • 각 모둠별 표현을 보고 그 안에 나타난 규칙을 확인해보고 왜 그러한 규칙을 찾아내었는지 이야기나누기 • 각 모둠별 표현 중에서 어떠한 표현이 성벽의 형태를 쉽게 알려줄 수 있는지 토의해보기 • 성벽의 형태를 표현해 줄 수 있는 수학적 표현(기호, 숫자, 글자 등)을 결정하기 ※ 모둠원을 4인 1조로 구성(혹은 4인 이하로 구성)하여 위의 [가설설정-탐구실험-가설검증-정당화 및 표현] 활동을 4회 반복한다. 모든 학생들이 적어도 1번씩 성벽의 규칙을 말로 설명해볼 수 있는 기회를 주어야 한다. 이때 교사가 제시하는 성벽 모양은 4번 모두 다르게 제시해야 한다.

<table>
<tr><td>활동주제</td><td colspan="3">성벽을 쌓아라(3/3)</td></tr>
<tr><td>학습목표</td><td>1. 수학적 기호를 활용하여 쌓은 성벽의 형태를 표현할 수 있다.
2. 수학적 기호나 식을 통해 성벽을 쌓을 수 있다.</td><td>학습 자료</td><td>카프라,
쌓기나무</td></tr>
<tr><td>편매쓰 실험 과정</td><td colspan="3">교수 · 학습 활동 내용 및 수업의 전개</td></tr>
<tr><td>문제이해</td><td colspan="3">■ 준비 활동(학급 전체 토의)
1) 동기유발 및 상황제시

[호랑이 부족과 곰부족의 대결!]
지금은 원시시대. 호랑이 부족과 곰부족 간의 전쟁으로부터 우리 부족이 살아남기 위해서는 모양과 총길이가 같은 성벽을 쌓아 땅을 넓혀야만 합니다. 따라서 간단한 암호문을 만들어 다른 부족이 눈치 채지 못하게 전달해야 합니다. 어느 부족이 동일한 성벽을 쌓을 수 있는지는 암호문을 얼마나 정확히 작성하고 해독하는가에 따라 달렸지요. 암호문이 짧고 간단하게 표현되어야 합니다. 암호문을 만들고, 같은 부족끼리 공유하여 성벽을 쌓아봅시다.
[우승부족 조건: 정확하게 쌓은 성벽의 수가 많은 부족]
[오늘의 MVP 모둠! : 가장 간단하면서도 정확한 성벽 규칙 암호문을 만든 모둠]</td></tr>
<tr><td>가설설정</td><td colspan="3">■ 가설설정활동(모둠 활동)

성벽의 길이와 형태를 같게 할 수 있는 규칙을 기호나 숫자, 그림으로 표현할 수 있나요? 표현된 기호나 숫자로 다시 성벽을 쌓을 수 있을까요?

• 주어진 성벽을 보고 성벽을 쌓는 규칙을 수학적 기호나 식으로 표현하는 방법 생각해보기
• 어떤 패턴을 미지수로 두면 간단한 식이 될지 생각해보기</td></tr>
<tr><td>탐구실험</td><td colspan="3">■ 탐구실험(모둠 활동)
• 원시부족 성벽쌓기 게임규칙 설명
• 게임규칙에 따라 암호작성, 암호 해독하여 성벽 쌓기 활동을 해보기</td></tr>
</table>

탐구실험	• 활동지에 암호 작성 또는 암호 해독 방법 적기 • 표현된 식이나 기호가 정확한지 확인해보기 ※ 구체적인 게임 방법 및 각 부족의 성벽 사진은 참고자료 (122~124쪽)에 수록.
가설검증	■ 가설검증활동(학급 전체 토의) • 작성된 암호와 쌓은 성벽이 차이가 있는지 확인해보고 왜 그러한 결과가 나왔는지 논의하기 • 성벽의 총 길이와 형태를 모두 나타낼 수 있는 규칙은 무엇인지 확인하기 • 어떠한 패턴을 미지수로 두었는지 서로의 식 비교하기 • 더 좋은 방법이 없는지 논의하기
정당화 및 표현	■ 정당화 및 표현활동(학급 전체 토의) • 같은 부족임에도 결과가 차이가 나타났다면 왜 그랬는지, 어느 부분에서 차이가 나타났는지 논의해보기 • 각 모둠별 표현 중에서 어떠한 표현이 성벽의 형태를 간단히 나타내었는지 토의해보기 • 오늘의 우승 부족과 MVP 모둠 발표하기

■ 활동지

즐거운 수학 실험

성벽을 쌓아라

활 동 1 성을 쌓는 규칙 설명하기

• 가설 세우기

성벽의 규칙을 말로 설명하려면,

• 가설 검증

내가 본 성벽의 규칙을 글로 쓰면,

활 동 2 호랑이 부족과 곰 부족의 대결!

• 탐구 실험

암호 작성팀은 1번을, 암호 해독팀은 2번을 쓰세요.

1. (   )부족의 암호문 작성하기

2. (   )부족의 암호문 해독 방법 적기

- **정당화 및 표현**

1. 같은 부족임에도 결과가 차이가 나타났다면 왜 그렇게 되었을까요?

2. 각 모둠별 표현 중에서 어떠한 표현이 성벽의 형태를 쉽게 알려줄 수 있었나요? 그리고 왜 그렇게 생각하는지도 써보세요.

참고자료

가. 1-2차시 다양한 성벽 사진

나. 3차시 [호랑이 부족과 곰부족의 대결!] 게임 설명

1) 카프라와 쌓기나무를 준비한다. 또는 두가지 형태의 나무블록이나 쌓기가 가능한 대체물을 준비해도 무방하다.
2) 호랑이 부족, 곰부족 제비뽑기를 통해 팀을 나눈 후, 같은 부족끼리 모여앉는다. 같은 부족 내에서 다시 암호 작성팀과 암호 해독팀으로 나눈다.
3) 암호 작성팀에게만 각 부족의 성벽 형태를 그림으로 제시하고 모둠별로 암호문을 만든다. 같은 부족이라도 모둠끼리 절대 상의하거나 이야기하지 않도록 해야 다양한 형태의 암호문이 나올 수 있다.

예) 30명 정원이라면 호랑이 부족 15명, 곰부족 15명으로 팀을 나눈 후, 각 부족 안에서 다시 알맞게 조를 나눈다. 이때 반드시 부족 내 모둠 수는 짝수로 하여 암호 작성팀과 암호 해독팀이 대응이 되도록 조정한다. 호랑이 부족을 예로 들면, 15명 중 4인 1조로 3모둠, 3인 1조로 1모둠으로 구성하여 총 4모둠이 되도록 한다. 학생 수가 나누어 떨어지지 않을 경우에는 게임의 공정성을 위해 각 부족 내 모둠수를 동일하게 조정하면 된다.

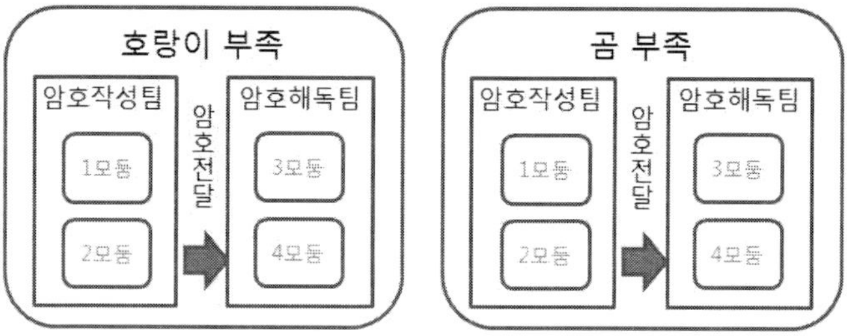

4) 교사는 각 부족의 암호문을 모은 후, 암호 해독팀에게 각 부족의 암호를 전달한다. 이때 모둠끼리 절대 상의하거나 이야기하지 않도록 주의를 주어야 다양한 형태의 성벽이 나올 수 있다.

5) 주어진 암호문을 가지고 모둠별로 성벽을 쌓아본다. 이때 쌓은 성벽은 가림판으로 가려서 같은 부족 간에도 볼 수 없도록 해야 한다. 성벽을 다 쌓은 후 동시에 가림판을 내려 확인하게 한다.
6) 이 과정을 암호 작성팀과 암호 해독팀의 역할을 바꾸어 한번 더 하여 모든 학생들이 암호 작성과 암호 해독을 모두 해볼 수 있는 기회를 준다.
7) 게임이 끝나고 난후, 우승팀과 오늘의 MVP 모둠을 선정한다. 우승팀은 성벽을 똑같이 쌓은 모둠 수가 많을수록, MVP는 가장 간단하고 정확한 암호를 작성한 모둠이 된다.

다. 호랑이 부족과 곰부족의 성벽 이미지(2회분 예시)

1) 호랑이 부족

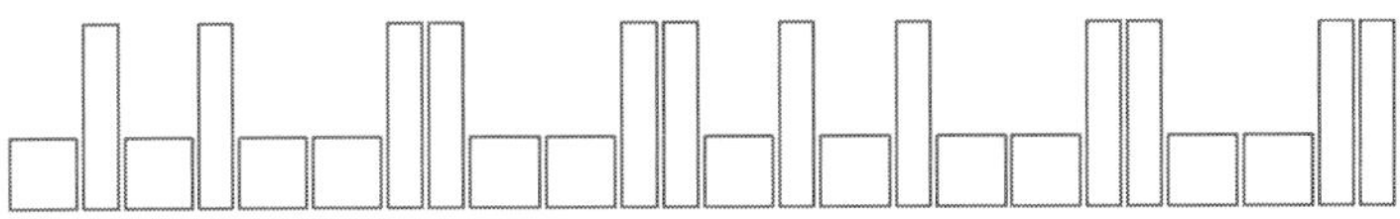

우리부족의 전통 성벽방식은 이런 식으로 쌓아야 합니다. 반복되는 규칙이 있을 텐데요, 성벽을 쌓기 위한 기본 패턴의 길이와 형태를 공식으로 표현해본다면?

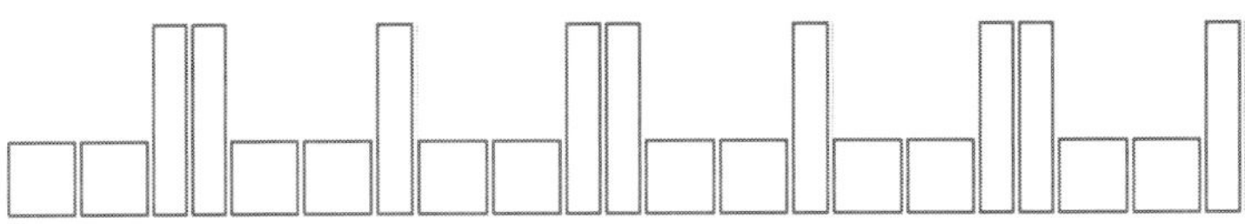

우리부족의 전통 성벽방식은 이런 식으로 쌓아야 합니다.
반복되는 규칙이 있을 텐데요, 성벽을 쌓기 위한 기본 패턴의 길이와 형태를 공식으로 표현해본다면?

2) 곰 부족

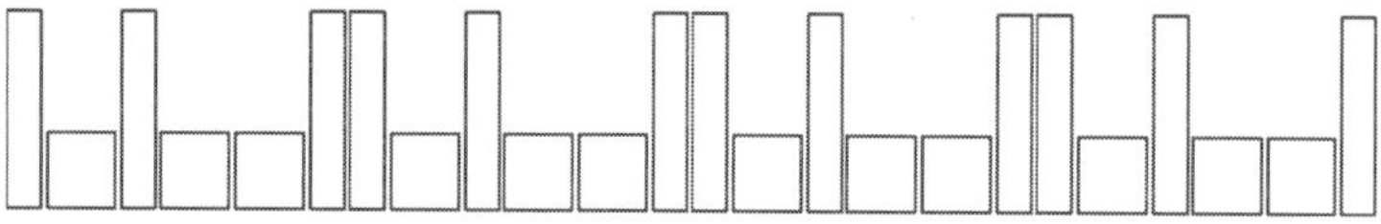

우리부족의 전통 성벽방식은 이런 식으로 쌓아야 합니다. 반복되는 규칙이 있을텐데요, 성벽을 쌓기 위한 기본 패턴의 길이와 형태를 공식으로 표현해본다면?

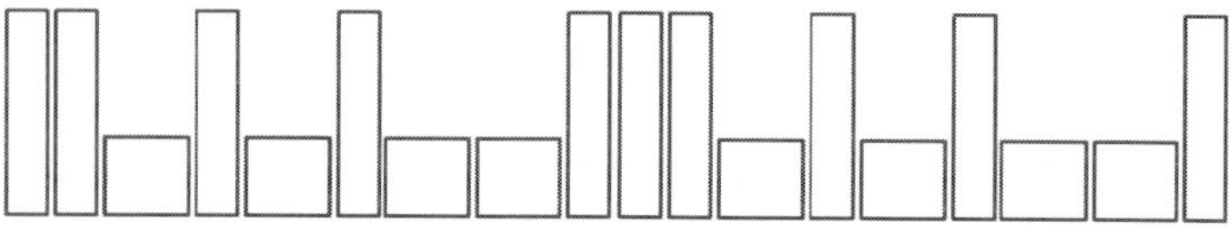

우리부족의 전통 성벽방식은 이런 식으로 쌓아야 합니다.
반복되는 규칙이 있을텐데요, 성벽을 쌓기 위한 기본 패턴의 길이와 형태를 공식으로 표현해본다면?

제4절 네비게이터

■ 활동 개요

1. 목표

1) 기준에 따른 위치 및 방향의 변화를 비교할 수 있다.
2) 사물의 위치를 찾아가기 위한 경로를 탐색하고 수학적으로 표현할 수 있다.
3) 길을 찾기 위해 필요한 정보를 수집하여 기호와 수식, 상징을 이용해 나타낼 수 있다.

2. 내용

본 활동은 길을 찾기 위한 방법으로 언어를 이용한 전달, 그림을 이용한 전달을 비교해 보고, 가장 효율적으로 길을 안내하는 방법을 찾아가도록 하였다. 이때 기준과 관점에 따라 어떤 사물이나 건물의 위치가 어떻게 다르게 표현되는지 확인하면서, 타인의 관점에서 이해할 수 있도록 정보를 전달하는 방법을 찾아보게 하였다. 그리고 학교를 위한 지도를 만들기 위해 각자의 방법으로 경로간 거리 및 이동시간 등을 측정하도록 할 수 있다. 이러한 활동은 학생들로 하여금 정보를 전달하기 위해 그림, 언어, 표, 기호, 숫자와 같은 다양한 수학적 표현이 필요하다는 것을 구체적인 조작활동을 통해 경험하게 할 수 있다. 또한 모둠간의 협력과 의사소통을 통해 실험을 진행하고, 그 결과를 정리하고 수학적으로 표현하면서 최적의 결과를 도출해내는 방법을 찾게 한다.

차시	주요 탐구실험 내용	주안점
1	지도를 보고 말로 적절하게 설명하는 방법을 찾아보고, 그 설명을 듣고 실제 사물 또는 건물을 찾아보기 위한 안내문 만들기	수학적 의사소통 활동 수학적 추론
2	모둠별로 안내문을 이용해 실제 사물 또는 건물을 찾아보면서 어떠한 안내문이 가장 정확하게 기준점에서 지정위치까지 다녀올 수 있도록 안내하는지 비교해보기, 각 안내문에 적용된 수학적 관계 및 규칙 찾아내기	수학적 의사소통 활동 수학적 추론 활동

■ 교육과정과의 연계성

본 활동은 측정 및 문제 해결 영역과 관련한 수학 실험이다. 길을 찾기 위한 안내문을 만들기 위해 기준점과 지정위치간의 거리 및 시간을 측정하는 방법을 탐구하고 방향과 이동경로를 나타내기 위해 적절한 기호를 활용하도록 한다. 실제 네비게이션의 경우 이동경로를 나타내기 위해 이동시간과 거리뿐만 아니라 최단거리 및 다양한 이동경로를 나타내고 있는데, 학생들은 최적의 경로를 나타내는 방법을 찾기 위해, 경우의 수 찾기, 각도 등과 같은 다양한 지식을 활용하여 가장 효율적인 형태의 안내문을 찾는 활동을 진행할 수 있다. 이 활동은 어떤 특정영역에 국한되는 것이 아닌 실제 생활과 연계된 문제상황을 해결하기 위해 각자 전략을 수립하고 적용해서 해결책을 선택하는 방법을 경험하도록 한다.

네비게이션

3-1, 3-2

- ■ 그림그리기, 실제로 해보기, 예상과 확인

→ 설명을 듣고 안내문 만들기

5-2-8

- ■ 하나의 문제를 여러 가지 방법으로 해결

2-2-3

- ■ 길이 재기
  - 자를 이용하여 길이 재기
  - 길이 어림하기

← 교실과 지정위치간의 이동거리 측정하기

4-2-8

- ■ 규칙찾기와 문제 해결
  - 문제 해결 과정 설명하기
  - 단순화하기, 논리적 추론, 대응 규칙 찾기

→ 안내문을 이용해 실제 길을 탐구해 보고 교실과 지정위치간의 최적 경로 찾기

교사를 위한 TIP

- 도입활동시 실제 네비게이션을 보여주어 학생들의 흥미와 이해를 도울 수 있다.
- 본 활동의 경우 다양한 수학적 표현을 활용하고 각 표현간 전환이 이뤄지므로 학생들이 글과 그림 외 기호, 숫자 등을 적극적으로 활용하도록 지도한다.
- 실험에서 모둠원들의 역할을 미리 계획하여 분담하도록 하여 원활한 실험 활동이 이루어지도록 안내한다.
- 안내문을 만들고 하나의 종이에 모두 표현하기 보다는 3~4개의 종이를 준비하여 나누어서 기록하게 할 수 있다. 각 안내문을 사진으로 촬영한 후 슬라이드쇼로 보여주게 되면 각 모둠별 결과물을 효과적으로 비교할 수 있다.

■ 교수-학습 과정안

<table>
<tr><td>활동주제</td><td colspan="3">어디에 있나요?(1/3)</td></tr>
<tr><td>학습목표</td><td>1. 설명을 듣고 건물의 위치를 찾을 수 있다.
2. 방향을 표시하기 위해 각도, 기호와 숫자를 활용할 수 있다.</td><td>학습
자료</td><td>각도기, 모눈종이, 자, 연필, 네비게이션 영상</td></tr>
<tr><td>펀매스
실험과정</td><td colspan="3">교수학습 활동 내용 및 수업의 전개</td></tr>
<tr><td>문제이해</td><td colspan="3">■ 준비 활동(학급 전체 토의)
1) 동기유발 및 과제 제시
• 학습자의 이해를 돕기 위한 사진 및 그림 자료 제시: 네비게이션 영상 등
2) 문제 상황 확인
• 길을 찾기 위해 어떻게 설명할 수 있을까요?
• 워크쉬트를 활용하여, 나와 내 친구를 찾을 수 있을까요? 주위의 사물을 설명하는 것만으로 어떤 위치에 앉아있는 사람인지 알 수 있을까요?
• 각자 정리한 내용을 듣고 어느 위치에 있는 사람인지 찾아본다.</td></tr>
<tr><td>가설설정</td><td colspan="3">■ 가설설정활동(개별 활동)
• 길을 찾는 방법에 대해 말로 정리하기
[설명을 듣고 길을 찾으려고 합니다. 길을 안내하기 위해 기호와 숫자를 활용하여 안내문을 만들 수 있을까요?]</td></tr>
<tr><td>탐구실험</td><td colspan="3">■ 탐구실험활동(모둠 활동)
• 4~5명을 1모둠으로 결성한 후에 대표 1인이 나와서 교사가 제시하는 지도(모눈종이 위에 건물의 위치를 표시)를 보고 모둠원들에게 말로만 설명하여 위치 찾기
이때 1회 관찰시간은 1분으로 하고 제한시간 동안 보고 설명하기
• 대표 외에 다른 1명이 나와서 지도를 확인하여 결과를 비교한 후 추가설명을 하여 위치를 확인하기 이번에는 각 건물의 위치를 알려줄 수 있도록 기호와 숫자를 사용하기
예를 들어 동서남북의 경우 EWSN을 사용</td></tr>
</table>

탐구실험	• 모둠별로 자신만의 표기법을 정리해 보기. 이때 각도기를 이용해 각도를 확인 가능 각 모둠별로 건물을 추가한 후 그 건물의 위치를 설명할 안내문 만들기
가설검증	■ 가설검증활동(모둠 활동) • 교사가 제시한 지도와 모둠별로 찾은 결과(각 건물의 위치)를 비교해보기 • 각 모둠별 신규건물의 위치를 설명하여 지도에 추가해보기 • 모둠별로 추가한 건물의 위치와 전체 건물의 배치를 확인해보면서 설명대로 표시했는지 확인하기
정당화 및 표현	■ 정당화 및 표현활동 • 각 모둠별 표현을 보고 그 안에 나타난 규칙을 확인해보고 왜 그러한 규칙을 찾아내었는지 이야기를 나누어 보기 • 건물의 위치를 표현하기 위해 어떤 수학적 표현(각도, 숫자, 기호 등)이 적절한지 이야기를 나누어 보기

<table>
<tr><td>활동주제</td><td colspan="3">길을 찾아라(2-3/3)</td></tr>
<tr><td>학습목표</td><td>1. 설명을 듣고 방향과 거리를 짐작하여 이동할 수 있다.
2. 위치를 확인할 수 있도록 수학적 표현을 활용한 명령문을 작성하여 할 수 있다.</td><td>학습 자료</td><td>종이, 연필, 줄자, 나침반, 지도</td></tr>
<tr><td>펀매스 실험과정</td><td colspan="3">교수학습 활동 내용 및 수업의 전개</td></tr>
<tr><td>문제이해</td><td colspan="3">■ 준비 활동(학급 전체 토의)
1) 동기유발 및 상황제시
• 길을 찾기 위한 여러 가지 도구 탐색해보기: 나침반, 지도, 네비게이션 등

[이번에 입학하게 되는 신입생인 1학년 동생들과 학부모에게 학교의 *** 위치를 어떻게 알려주어야 쉽게 찾을 수 있을까요?]

위치를 알려주기 위해 어떠한 방법이 좋을지 생각해보기</td></tr>
<tr><td>가설설정</td><td colspan="3">■ 가설설정활동(개별 활동)

[우리 학교에 있는 ***의 위치를 글과 기호로 설명할 수 있을까요? 안내문을 이용해 그 위치를 찾을 수 있을까요?]

• 각자 교실안에 있는 사물의 위치를 각자 자신의 위치에서 설명해보기
• 각자 작성한 안내문을 가지고 그 위치에 있는 사물이 무엇인지 확인해보기</td></tr>
<tr><td>탐구실험</td><td colspan="3">■ 탐구실험활동(개별 활동)
• 4명씩 모둠을 지어서 학교내 장소를 하나 지정하여 교실을 기준으로 그 장소의 위치를 확인하고 그 위치를 설명할 수 있는 안내문을 만들기(줄자와 나침반 활용)
• 각 모둠별로 기록한 안내문을 가지고 그 위치에서 교실까지 다시 되짚어서 찾아오기
• 교실을 기준으로 이동할 때와 각 지정위치에서 이동할 때의 기록을 비교하여 정리</td></tr>
</table>

가설검증	■ 가설검증활동(모둠 활동) • 각 모둠별로 교실로 돌아오면 정리한 안내문을 다른 모둠에게 전해주고 지정위치가 어디인지 확인해 오기 • 교실에서의 지정위치로 가는 안내문과 지정위치에서 교실까지의 안내문을 확인해서 이동한 후에 각 모둠별 지정위치가 어디인지, 안내문이 정확한지 확인하기
정당화 및 표현	■ 정당화 및 표현활동 • 원래의 모둠과 비교 모둠의 결과가 차이가 나타났다면 왜 그랬는지, 어느 부분에서 차이가 나타났는지 논의해 보기 • 교실에서의 지정위치로 가는 안내문과 지정위치에서 교실까지의 안내문에서 나타나는 규칙이 있다면 찾아 보기 • 각 모둠별 안내문에서 나타난 표현을 비교하고 가장 적절하게 위치를 알려줄 수 있는 안내문을 작성해 보기

■ 활동지

즐거운 수학 실험

네비게이션

활동 1 어디에 있나요?

• 생각해 보기

1. 나와 내 친구 주위의 사물을 찾아보세요.

누구일까요?	왼쪽	오른쪽
나를 기준으로 왼쪽과 오른쪽에 있는 사물을 찾아서 적어보세요.		
다른 사람의 설명을 듣고 누구인지 찾아보세요.		
다른 사람의 설명을 듣고 누구인지 찾아보세요.		

- **가설 세우기**

건물의 위치를 글 또는 그림으로 나타내어 보세요.

- **탐구 실험**

건물의 위치를 알려주기 위한 안내문을 정리해 보세요.

활 동 2&3 길을 찾아라

• **가설 세우기**

1. 우리 학교에 있는 ……의 위치를 글로 설명할 수 있을까요? 우리 교실을 기준으로 그 장소의 위치를 알려줄 수 있는 안내문을 만들어 보세요.

• **탐구 실험**

실제 ……의 위치를 확인하기 위해 교실에서 ……까지 이동하면서 경로를 글 또는 그림으로 정리해 보세요.

• **가설 검증**

실제 탐구한 결과를 토대로 지도와 안내문을 정리해 보세요.

- **정당화와 표현**

1. 자신이 수학 실험을 통해 발견한 결과를 확인하여 위치를 나타내기 위해 사용한 수학적 표현에 대해 친구들에게 설명해 봅시다. 그리고 이러한 관계를 발견한 것이 어떤 의미가 있는지도 이유를 들어 설명해 봅시다.

4

6학년 수학 실험 수업 설계

제1절 신기한 수

■ 활동 개요

1. 목표

1) 과거에 사용된 수를 탐구하여 숨겨진 원리를 찾을 수 있다.
2) 하나의 수를(진법의 원리를 탐구하여) 여러 가지 형태로 나타내 표현할 수 있다.
3) 원리를 탐구하는 과정 속에서 의사소통 능력과 수학적 추론 능력을 키울 수 있다.

2. 내용

본 활동은 수의 원리를 탐구하여 표현해 보는 것으로 과거 바빌로니아에서 사용된 수를 관찰하고 수가 어떤 원리로 구성되어 있는지를 탐색한다. 그리고 현재 일상에서 사용하고 있는 십진기수법 원리를 이해하여 다른 기수법의 형태로 바꾸는 것을 알고리즘이 아닌 활동을 통해 학습한 후, 게임 속 수 카드에 적혀 있는 원리를 탐구하여 적용함으로서 수의 원리를 정리해 보는 활동으로 구성되어 있다. 이 활동을 통해 학생들은 수의 규칙을 추측하고 발견해 가는 과정에서 수학적 추론을 경험하게 되며, 자신의 의견을 제시하고 타인의 의견을 수용하는 과정을 통해 자신의 생각을 발전시키고 정리하는 수학적 의사소통 능력을 경험하게 된다.

차시	주요 탐구실험 내용	주안점
1	• 신기한 수 - 바빌로니아 수에 숨겨진 수의 원리를 찾고 실제 우리 생활에서 활용되고 있는 예 알아보기	수학적 추론 활동
2	• 어떻게 나타낼까? - 실제 우리가 사용하고 있는 수를 실례를 활용하여 다른 형태의 수로 변형하여 나타내기	수학적 추론 활동
3	• 비밀을 밝혀라 - '또 다른 수'의 게임 활동을 진행하여 게임 안에 숨겨진 비밀을 찾아보기	수학적 의사소통 활동

■ 교육과정과의 연계성

본 주제는 일상적으로 사용되는 수, 즉 자연수를 다른 형태로 변환하는 과정에서 연산을 활용하여 표현하고, 그 숨겨진 원리와 규칙을 탐구하는 것이다. 따라서 규칙성과 문제해결 영역, 수와 연산 영역과 관련되어 있다. 자연수와 연산은 저학년에서부터 이뤄지다가 4학년에 큰 수를 학습하면서 자연수의 수체계를 이해하게 된다. 규칙성과 문제 해결 영역은 이전부터 이뤄지게 되지만 4학년부터 규칙을 찾아 표현하고 다양하게 문제를 해결하는 활동들이 6학년까지 이어지게 된다. 본 주제의 활동내용은 규칙을 통해서 원리를 탐구하는 과정 속에서 자신의 생각을 표현하고, 정리하고 적용하는 수학적 추론 활동이 포함되어 있기 때문에 고학년인 6학년 학생들에게 적절한 수업으로 구성하였다.

신기한 수

4-1-1

■ 큰 수
- 수의 형태 이해하기

4-1-5

■ 혼합계산

수의 다양성 이해

규칙성 찾기 및 문제해결

4-2-8

■ 규칙 찾기와 문제해결
- 문제해결하고 풀이과정 설명하기
- 놀이를 통한 문제해결

5-2-8

■ 문제해결 방법 찾기
- 예상하고 확인하기
- 규칙찾기

교사를 위한 TIP

- 학습 내용이 중학교에서 다뤄지고 있는 부분이므로 학습내용에 초점을 두지 말고, 수의 원리를 찾아내고, 규칙을 발견하고 적용할 수 있는 부분에 초점을 맞춰 수업이 이뤄질 수 있도록 한다.
- 2, 3차시의 내용은 학생들의 수준에 따라서 더 많은 학습을 진행할 수 있다. 2차시의 경우 4진법의 내용을 같은 활동의 내용으로 제시할 수 있으며, 3차시의 다음 단계의 카드(31까지 적힌 카드)를 만들어 보는 활동으로 진행할 수 있다. 교사가 학생들이 학습하는 속도를 고려하여 이를 적절하게 활용한다.

■ 교수-학습 과정안

<table>
<tr><td>활동주제</td><td colspan="3">신기한 수(1/3)</td></tr>
<tr><td>학습목표</td><td>1. 바빌로니아의 수의 원리를 알고 일상생활에 적용된 예를 찾을 수 있다.</td><td>학습
자료</td><td>바빌로니아
수 표</td></tr>
<tr><td>펀매스
실험과정</td><td colspan="3">교수학습 활동 내용 및 수업의 전개</td></tr>
<tr><td>문제이해</td><td colspan="3">■ 준비 활동(학급 전체 토의)
1) 동기 유발
• 아프리카 피그미 족이 어떻게 수를 세었는지 확인하기

1-아, 2-오아, 3-오아아, 4-오아오아 5-오아오아아 6-오아오아오아

2) 문제상황 확인
• 역사상 처음으로 나타난 숫자인 메소포타미아의 바빌로아 수를 제시하고 여기에 숨겨진 수학적 원리를 찾아보기</td></tr>
<tr><td>가설설정</td><td colspan="3">■ 가설설정활동(개별 활동)
• 가설을 세운 이유에 대해 이야기 나누기

바빌로니아 수에 담겨진 규칙은 무엇일까?
100을 바빌로니아 수로 어떻게 표현할까?</td></tr>
<tr><td>탐구실험</td><td>■ 탐구실험 1(개인 및 짝 활동)
• 바빌로니아 수표를 통해 1, 11, 21, 31, 41, 51이 어떻게 표현되었는지 살펴본 후 규칙을 말해보기
• 바빌로니아 표에서 숨겨진 수(15, 37, 52)를 추측한 규칙을 통해 알아내고 숨겨진 원리 찾아내기</td><td colspan="2">■ 탐구실험 2(개인 및 짝 활동)
• 1, 10, 60이 표현한 방법을 찾기
• 61의 표현 방법을 제시하고 71, 81, 91은 어떻게 나타낼 지 규칙을 통해 추측하여 표현하기
• 100을 바빌로니아의 수로 나타내기</td></tr>
</table>

가설검증	■ 가설검증활동(모둠 활동) • 숨겨진 수를 확인하며 수에 담겨진 규칙을 정리하여 표현하기	■ 가설검증활동(모둠 활동) • 가설이 맞는지 모둠 원들과 함께 확인하기 • 다른 수도 어떻게 표현할 수 있는지에 대해 함께 해결해 보기
정당화 및 표현	■ 정당화 및 표현활동 • 일상생활에서 60을 기준으로 수가 바뀌는 즉 바빌로니아의 수를 이용한 예를 찾아, 바빌로니아 수에 담겨진 원리를 생각하며 정리하기	

<table>
<tr><td>활동주제</td><td colspan="3">어떻게 나타낼까?(2/3)</td></tr>
<tr><td>학습목표</td><td>1. 우리가 사용하고 있는 수를 다른 형태의 수로 표현할 때의 원리를 알고 나타낼 수 있다.</td><td>학습 자료</td><td>1m자, 가위, 두꺼운 모눈 종이(2절지)</td></tr>
<tr><td>펀매스 실험과정</td><td colspan="3">교수학습 활동 내용 및 수업의 전개</td></tr>
<tr><td>문제이해</td><td colspan="3">■ 준비 활동(학급 전체 토의)
1) 동기 유발
• 100이라는 수를 앞 차시에서 어떻게 표현했는지 생각해 보면서 이번 차시에 100이라는 수를 좀 더 다양하게 표시할 수 있는 방법에 대해 생각해 보기
2) 문제상황 확인

1m의 길이를 제한된 길이의 종이를 활용하여 나타내려고 합니다. 종이의 길이는 1cm, 3cm, 9cm, 27cm, 81cm만 있습니다. 최소한의 종이 수를 활용하여 1m의 길이를 나타내려고 한다면 어떤 조합으로 나타낼 수 있을까요?

• 문제에서 구해야 하는 것이 무엇인지 정리하기</td></tr>
<tr><td>가설설정</td><td colspan="3">■ 가설설정활동(모둠 활동)

• 1cm부터 27cm까지의 길이를 모두 재기 위해서 각각의 종이는 최소한 몇 개가 필요할까?
• 1m은 어떤, 몇 개의 종이로 잴 수 있을까?

• 가설을 세운 이유에 대해 이야기 나누기</td></tr>
<tr><td>탐구실험</td><td colspan="3">■ 탐구실험활동(개인 및 짝 활동)
• 1cm, 3cm, 9cm, 27cm 종이를 이용하여 최소한의 방법으로 1cm부터 27cm까지 재는 방법을 표로 정리해 보고 규칙 찾기
• 제시된 일정한 수(59, 80)를 생각하며 어떤 원리인지 생각해 보기
• 최소한의 종이 개수는 몇 개인지 찾은 수들을 통해서 알아내기
• 찾은 종이의 개수를 어떻게 표현하면 좋을지 이야기 나눈 후 정하기</td></tr>
</table>

탐구실험	• 규칙을 통해서 100cm의 표현방법 찾은 후 1cm, 3cm, 9cm, • 27cm, 81cm 종이를 직접 잘라서 붙여보며 확인해 보기
가설검증	■ 가설검증활동(모둠 활동) • 각각의 종이의 수와 100의 표현방법에 대해 다른 모둠원들의 것과 확인하기 • 100-200사이의 수 중 하나를 선택하여 어떻게 나타내야 하는지 생각해 보기
정당화 및 표현	■ 정당화 및 표현활동 • 수를 표현하는 방법에 대해 전체적으로 의견을 나누면서, 81cm 다음으로 제시될 수 있는 cm 종이는 무엇인지 이유를 들어 생각해 보기

<table>
<tr><td>활동주제</td><td colspan="3">비밀을 밝혀라(3/3)</td></tr>
<tr><td>학습목표</td><td>1. 10진법과 2진법간의 관계를 이해할 수 있다.</td><td>학습
자료</td><td>1부터 16까지 수가 적힌 카드</td></tr>
<tr><td>펀매스
실험과정</td><td colspan="3">교수학습 활동 내용 및 수업의 전개</td></tr>
<tr><td>문제이해</td><td colspan="3">■ 준비 활동(학급 전체 토의)
1) 동기 유발
• 바코드에 수가 적힌 것을 보여 주고, 이것의 원리는 무엇인지 생각해 보고, 여기에 사용된 수가 무엇인지 확인하기
2) 문제상황 확인(또 다른 수)
① 1부터 16까지의 수가 고루 적혀 있는 4개의 카드를 학생들에게 제시한다.
② 교사가 학생에게 1-16에서 하나를 머릿속으로 생각하게 한다.
③ 4개의 카드에 적힌 수들에서 자신이 생각한 수가 어디에 속해 있는지에 대해 생각하고 교사에게 말한다.
④ 교사가 학생이 말한 수를 말한다.
• 게임을 여러 번 해 보면서 교사가 항상 수를 맞히는 이유에 대해 생각해보기</td></tr>
<tr><td>가설설정</td><td colspan="3">■ 가설설정활동(모둠 활동)
'또 다른 수' 게임에서 교사가 게임에서 수를 맞힐 수 있는 이유는 무엇일까?
• 가설을 세운 이유에 대해 이야기 나누기</td></tr>
<tr><td>탐구실험</td><td colspan="3">■ 탐구실험활동(모둠 활동)
• 가설을 세운 내용을 바탕으로 맞는지 모둠별 게임을 통해 확인해 보기
• 자신이 생각한 수를 표로 나타내어 정리하기
(표로 어떻게 정리할 것인지에 대해 생각하기)
• 자료를 통해 정리된 수를 통해서 알 수 있는 규칙을 찾아 정리하기</td></tr>
</table>

가설검증	■ 가설검증활동(모둠 활동) • 자료를 통해 정리된 수를 통해서 알 수 있는 규칙을 찾아 가설이 맞는지 발표를 통해서 확인하기 • 가설이 맞지 않는다면 자료를 통해 가설을 수정하고, 원리를 다시 찾아보기 • 새로운 수 카드 한 장이 추가로 주어졌을 때, 16부터 31까지의 수는 어떻게 배열이 되는지 직접 해 보면서 새로운 수 카드 세트 만들어 보기
정당화 및 표현	■ 정당화 및 표현활동 • 한 장의 카드를 더 추가한다고 하면 몇 번째 수까지 만들 수 있는지 생각해 보기 • 바코드에 적힌 수와 바코드와의 관계를 설명해 보기

■ 활동지

즐거운 수학 실험

신기한 수

활동 1 신기한 수

• **가설 세우기 1**

1. 바빌로니아 수에는 어떤 규칙이 숨겨져 있을까요? 내가 생각하는 가설과 그 이유를 함께 적어봅시다.

〈가설〉

〈왜 그렇게 생각했나요?〉

• **탐구 실험 1**

1. 바빌로니아의 수에서 1, 11, 21, 31, 41, 51이 어떻게 적혀 있는지를 관찰하고 규칙을 찾아 정리해 봅시다.

2. 바빌로니아 표에서 숨겨진 수를 어떻게 표현하면 좋을지 원리를 생각하여 나타내어 봅시다.

15 -	37 -	52 -

• **가설 검증 1**

1. 자신이 세운 가설과 바빌로니아 수에 숨겨진 수학적 원리가 일치하나요? 바빌로니아 수에 숨겨진 수학적 원리를 정리해 봅시다.

• **가설 세우기 2**

1. 바빌로니아 수의 원리를 이용하여 100은 어떻게 나타낼 수 있을까요? 내가 생각하는 가설과 그 이유를 함께 적어봅시다.

〈가설〉

〈왜 그렇게 생각했나요?〉

• **탐구 실험 2**

1. 바빌로니아의 수로 1, 10, 61의 표기법을 알고 73, 89는 어떻게 표현할 수 있는지 원리를 찾아 정리해 봅시다.

73 -	89 -

2. 바빌로니아 수로 100은 어떻게 표현할 수 있는지 적어봅시다.

100 -

• 가설 검증 2

1. 자신이 생각한 원리대로 100을 표시할 수 있었나요? 100을 표현한 원리를 적어봅시다.

활동 2 어떻게 나타낼까?

• **가설 세우기**

1. 1m 즉 100cm는 어떤 몇 개의 종이로 잴 수 있을까요?

• **탐구 실험**

1. 1cm부터 27cm까지 최소한의 종이를 사용하여 재는 방법을 표로 정리해 보고 규칙을 찾아봅시다.

수	27cm	9cm	3cm	1cm
1				
2				
3				
4				
5				
6				
7				
8				
9				

수	27cm	9cm	3cm	1cm
10				
11				
12				
13				
14				
15				
16				
17				
18				

수	27cm	9cm	3cm	1cm
19				
20				
21				
22				
23				
24				
25				
26				
27				

• 가설 검증

1. 규칙을 정리해 보고, 모둠 원들끼리 100cm를 어떻게 기록할 수 있는지 표현해 봅시다.

• 정당화 및 표현

1. 모든 종이를 활용하여 나타낼 수 있는 최대의 길이는 몇 cm일까요? 81cm 종이 다음으로 제시할 수 있는 종이는 몇 cm일까요? 이런 수는 어디에서 활용이 되면 좋을지 다함께 생각해 봅시다.

활 동 3 진실을 밝혀라

• 가설 세우기

1. '또 다른 수'의 게임에서 선생님이 수를 알아맞히는 이유는 무엇일지 생각하여 정리해 봅시다.

〈가설〉

• 탐구 실험

1. 수 카드를 이용하여 1부터 15까지의 수가 어떤 카드에 적혀 있는지 표로 정리해 봅시다. 표로 어떻게 정리할 것인지 생각해서 정리해 보세요.

2. 수 카드에 적힌 수들이 어떤 원리로 되어 있는지 정리해 봅시다.

• **가설 검증**

1. 새로운 수 카드 한 장이 추가로 주어졌을 때, 16부터 31까지의 수는 어떻게 배열이 될까요? 표를 만들어서 확인을 한 후, 카드에 추가로 적어서 새로운 수 카드 세트를 만들어 보세요.

가. 1차시 – 바빌로니아의 수

60진법과 12진법은 현재도 각도(角度)·시제(時制) 등의 도량형법에 남아 있어, 직접적으로 그 영향을 받고 있다. BC 3000년 이전에 농경경제를 기초로 채도문화(彩陶文化)를 흡수하여 청동기문명을 개화시켰으며, 그림문자를 쓰다가 추상적인 개념을 표기할 수 있는 표의·표음문자인 설형문자를 발명하여, 그 문자에 따라 12진법과 60진법에 의한 기수법(記數法)을 정착시켰다.

그리고 왕의 신관이나 서기들은 물납으로 모인 방대한 국가재산을 관리할 필요에서 산술을 공부하여 많은 계산서·계약서·기호표(사전)를 만들었다. 또, 계산을 간단히 처리하기 위해 60진법에 의한 곱셈표, 나눗셈을 위한 역수표(逆數表)·제곱표·세제곱표·제곱근표 및 n^3+n^2표를 만들기도 했다.

또, 신관과 서기들은 징세를 위한 전답의 넓이와 창고의 용적, 운하의 토목공사에 쓰일 토사의 양 등 기하학적 문제 해결에도 박차를 가하여 직선도형·원의 넓이, 입체의 부피를 구하는 방법 등을 연구하였다. 그러나 π의 값은 3이라는 불충분한 근삿값으로 만족하였다. 결국 그들의 노력은 이집트수학과 함께 그리스인에 전해져서 발전해갔다. 60진법과 12진법은 그들이 삭망월(朔望月)을 30일로 보았다는 데서 유래한다고 한다.(출처: 두산백과 바빌로니아 수학)

- **수의 규칙**: 1과 10을 각각 다른 문자로 표현했고, 그 개수에 따라서 60까지 수로 나타내었음.

  1과 60을 나타내는 기호가 같기에 자릿수를 사용하여 표기하였으나 자릿수의 구분이 없기에 혼동스러운 부분이 있어 지도할 때는 약간의 사이를 띄어 수를 적도록 구분하여 지도하는 것이 효과적임

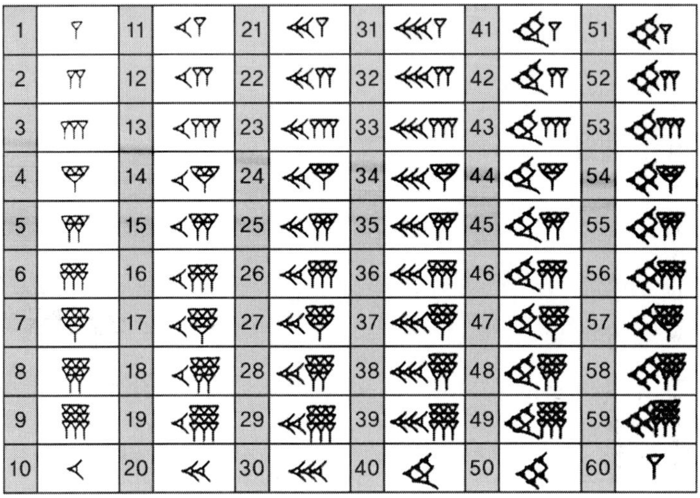

〈세계사를 한눈에 꿰뚫는 비하인드 수학파일, 이광연, 예담〉

나. 3차시- 2진법 탐구에 활용할 수 있는 수 카드

(1번 카드가 맨 마지막 자릿수를 나타내며, 1부터 16까지의 수를 표현할 경우 활용함)

①	②
1, 3, 5, 7, 9, 11, 13, 15	**2, 3, 6, 7, 10, 11, 14, 15**
③	④
4, 5, 6, 7, 12, 13, 14, 15	**8, 9, 10, 11, 12, 13, 14, 15**

제2절 Happy π day!

■ 활동 개요

1. 목표

1) 다양한 크기의 원 둘레를 재어보고 그 속에서 일정한 규칙을 발견해 낼 수 있다.
2) π의 개념을 이해하고 π와 관련된 다양한 놀이와 체험 활동을 즐길 수 있다.
3) 평면의 원에서 확장하여 입체의 구에서 π의 연관성을 이해하고 노끈으로 π공을 만들어 볼 수 있다.

2. 내용

본 활동은 원의 둘레를 구하는 실험을 통해 π의 개념을 자연스럽게 이해하도록 하며, π가 단순히 수학적 개념이 아닌 우리 주변에서 흔히 쓰여지는 친숙한 것임을 인식시키도록 하는데 그 목적이 있다. 1차시에서는 원주율의 역사와 세계 여러나라의 π day 행사에 대해 이야기를 들려주고, 원의 둘레를 줄자나 끈으로 재어보며 그 속에 숨겨진 일정한 규칙을 발견하게 하는 활동으로 구성되어 있다. 또한 2차시, 3차시에서는 π를 활용하여 다양한 놀이와 체험을 하게 하는 활동으로 이루어져 있다. 본 활동의 다양한 놀이와 체험은 수학 실험 단계인 문제이해 → 가설 설정 → 가설검증 → 정당화 과정만으로는 적합하지 않으므로 게임 활동과 표현 및 내면화 과정을 포함시켰다.

<table>
<tr><th>차시</th><th>주요 탐구실험 내용</th><th>주안점</th></tr>
<tr><td rowspan="2">1-2
(연차시)</td><td>• 선생님이 들려주는 π day 이야기
세계 여러 나라의 π day 행사를 소개하기
• 원주와 지름 간의 규칙 확인하기
다양한 크기의 원 둘레를 재어보고 자료 값에서 원주율 발견하기</td><td>수학적 의사소통 활동
수학적 추론 활동</td></tr>
<tr><td>• 원주율 관련 게임이나 체험 활동하기
- 게임1: π 속에서 나에게 의미있는 숫자 발견하기
- 게임2: π 행시 짓기
- 게임3: π 값 암기하기
- 친구들에게 π day 소개하기(π 로고 제작)</td><td rowspan="2">수학에 대한 긍정적 태도 함양
수학의 가치 인식</td></tr>
<tr><td>3</td><td>• π 공 만들기 활동
평면에서 입체까지 확장하여 원주율의 활용을 체험하기</td></tr>
</table>

■ 교육과정과의 연계성

원의 둘레, 넓이, 원주율에 관한 내용은 6학년 수학과 교육과정에서 다루어진다. 따라서 본 활동은 6학년 교육과정의 확장된 체험활동으로 활용될 수 있으며, 다른 학년에서도 πday 행사 등을 통해 적용해 볼 수 있다. 또한 원의 둘레를 재어 보고 그 속에서 일정한 규칙이나 패턴을 발견하는 활동은 '원의 둘레와 넓이' 단원 뿐 아니라 4,5학년의 '규칙성과 문제해결' 관련 단원에서도 활용할 수 있다.

Happy π day!

4-2-5

- 평면도형 둘레와 넓이
  - 도형의 둘레

4-2-8

- 규칙찾기와 문제 해결
  - 두수 사이의 관계 알기
  - 두수 사이의 관계를 식으로 나타내기
  - 문제 해결하고 과정 설명하기

실험을 통해 원주율과 원의 둘레에서 규칙발견하기

원, 원주율과 관련된 체험 활동 및 게임 1(평면: 원)

원, 원주율과 관련된 체험 활동 및 게임 2(입체: 구)

- 원의 구성 요소

6-1-5

- 원주율과 원의 넓이

6-2-2

- 원기둥과 원뿔
  - 회전체 알아보기

교사를 위한 TIP

- 원의 둘레를 재는 실험 외, π를 활용한 여러 체험 활동들은 교육과정 운영 및 시간 계획에 따라 탄력적으로 활용할 수 있다.
- 3월 14일이 있는 주에 '수학의 날'을 정하고 π day 행사를 진행하면 더욱 효과적으로 이루어질 수 있다.
- π 로고 스티커 제작에 예시로 보여줄 다양한 이미지들은 인터넷에서 쉽게 찾을 수 있으므로 이를 보여주면 학생들의 창작활동에 도움을 줄 수 있다.
- π 공만들기는 다소 시간이 걸리는 활동이므로 충분한 시간이 주어져야 하며, 학생들의 수준에 따라 종이컵을 붙여 큰 공만들기 등의 활동으로 대체할 수 있다.
- π 공만들기 활동시 노끈은 반드시 탄력이 있는 끈이어야 한다.

■ 교수-학습 과정안

<table>
<tr><td>활동주제</td><td colspan="3">Happy π day!(1-2/3)</td></tr>
<tr><td>학습목표</td><td>1. 원주율 파이의 기원과 개념을 알고 다양한 원에서 원주율을 찾을 수 있다.
2. 원주율과 관련된 다양한 놀이와 체험을 하며 수학에 대한 긍정적인 가치를 인식한다.</td><td>학습
자료</td><td>색연필, 싸인펜(모둠별) 끈, 줄자, 계산기, 다양한 크기의 원이 포함된 물건, π가 적힌 종이, A4용지, 가위, A4 전지 라벨지, 스티커, 재접착풀</td></tr>
<tr><td>펀매스
실험과정</td><td colspan="3">교수학습 활동 내용 및 수업의 전개</td></tr>
<tr><td>문제이해</td><td colspan="3">■ 준비 활동(학급 전체 토의)
1) 동기유발 및 과제 제시
• 세계 여러나라의 π 데이 행사
• 수학의 Happy π day ! 행사 수업 안내
※ 참고자료에 수록된 πday의 유래와 역사 자료를 활용할 것</td></tr>
<tr><td>가설설정</td><td colspan="3">■ 가설설정활동(개별 활동)
• 원주와 지름 간의 관계에 일정한 규칙이 있음을 예상해보기

원주와 지름 사이에는 일정한 규칙이 있을까요?

※ 학생 중 3.14에 대하여 알고 있어 미리 답을 하는 학생들에게는 그 값이 정확한 것인지 반문함으로써 탐구 실험을 통해 확인해보도록 유도한다. 즉, 여러 번의 측정을 통해 π 값이 3.14가 아니라 정확히 떨어지지 않는 수임을 확인할 수 있도록 한다.</td></tr>
<tr><td>탐구실험</td><td colspan="3">■ 탐구실험활동(모둠 활동)
• 원주와 지름 간의 규칙 확인하기
- 다양한 크기의 원이나 원기둥에서 끈이나 줄자로 원주를 구해보고 전자계산기를 이용하여 원주와 지름 사이의 관계를 찾아보기</td></tr>
</table>

가설검증	■ 가설검증활동(모둠 활동) • 원주와 지름 간에 일정한 규칙이 있음을 확인하기 • 탐구 실험 결과를 통해 π를 발견하기
게임활동	■ 게임활동(개별/모둠 활동) • 게임 1: π 속의 나를 찾아서(개별 활동) - π에서 나와 우리 가족과 관련된 수(전화번호, 생일, 나이, 반, 번호, 우편번호 등)를 찾아 동그라미 해보기 ※ 참고자료에 수록된 π값 자료를 활용할 것 • 게임 2: 재미있는 π행시 짓기(모둠 활동) - π값의 일부인 3.141592를 활용하여 각 수와 글자수를 맞추어 글짓기 • 게임 3: π 암기왕 선발대회(개별 활동) - π를 어디까지 외울 수 있는지 겨루어보기
표현 및 내면화	■ 표현 및 내면화 활동(개별 활동) • π day로고 만들기 - A4 전지 라벨지를 활용하여 π day를 알리는 로고 스티커 만들기

<table>
<tr><td>활동주제</td><td colspan="3">Happy π day!(3/3)</td></tr>
<tr><td>학습목표</td><td>1. 평면의 원에서 보다 확장하여 입체의 구에서 π의 연관성을 이해하고 노끈으로 π공을 만들어 볼 수 있다.</td><td>학습자료</td><td>유성매직, 클립, 글루건 또는 강력본드, 길이 30cm 노끈 6줄</td></tr>
<tr><td>펀매스 실험과정</td><td colspan="3">교수학습 활동 내용 및 수업의 전개</td></tr>
<tr><td>문제이해</td><td colspan="3">■ 준비 활동(학급 전체 토의)
1) 동기유발 및 과제 제시
• π는 원뿐 아니라 구와 같은 입체에도 쓰임을 설명하며 과제 제시

띠 6개로 공을 만들 수 있을까? π 공을 만들어보자!</td></tr>
<tr><td>가설설정</td><td colspan="3">■ 가설설정활동(개별 활동)
• 띠 6개만으로 공을 만들기 위해서는 어떻게 하면 될지 토의해보기
- 축구공과 같이 모든 방향으로 잘 굴러가게 하기 위해서는 어떤 특징이 있어야 할까?
※ 본 과정에서 학생들이 충분히 토의할 수 있도록 유도한다. 참고자료 참고.</td></tr>
<tr><td>탐구실험</td><td colspan="3">■ 탐구실험활동 1.(모둠 활동)
• 예상한 공 모양을 고안하여 발표하기
- 각자 예상한 의견을 모아 모둠별 의견을 발표해보기
■ 탐구실험활동 2.(개별 활동)
• 선생님과 함께 만들어보는 π공
※ 만드는 순서는 참고자료 활용
 </td></tr>
</table>

<table>
<tr><td>탐구실험</td><td> </td></tr>
<tr><td>가설검증</td><td>■ 가설검증활동
• 선생님과 함께 만든 π공과 모둠별로 고안한 공과 비교해보기
- 모든 방향으로 잘 굴러가게 하기 위한 방법이 무엇이었는지 함께 논의해보기
- 육각형과 오각형으로 이루어진 32면체 공의 특징 살펴보기</td></tr>
<tr><td>표현 및 내면화</td><td>■ 표현 및 내면화 활동
• π day 활동에 대한 소감 및 의견 나누기
- π 공을 만들면서 어려웠던 점, 흥미로웠던 점 발표하기
- π에 대해 새롭게 알게 된 점이나 재미있었던 점 발표하기</td></tr>
</table>

■ 활동지

즐거운 수학 실험

Happy π day!

활 동 1 원의 둘레와 지름은 친구

• **가설 세우기**

1. 원의 둘레와 지름은 어떠한 관계가 있을지 예상해봅시다.
   "원의 둘레와 지름간의 규칙은 ______________________ 일 것이다."

• **탐구 실험**

여러 물건들에서 원의 둘레와 지름을 재어보고 규칙을 발견해 봅시다.

물건이름	지름	원의 둘레

☞ 원의 둘레와 지름간의 규칙은?

____

____

____

• 가설 검증

측정 결과를 바탕으로 관계를 정리해 봅시다. 그리고 세웠던 가설이 맞는지 확인해 봅시다.

실험결과, 나의 가설은(맞았다 / 수정해야 한다). 왜냐하면,

____

____

____

____

• 게임 활동

1. π 속의 나를 찾아서!(개별 활동)

   π를 자세히 살펴보면 나와 관련된 숫자들을 발견하게 됩니다. 전화번호, 내 생일, 우편번호, 그리고 나에게 의미있는 숫자나 날짜 등...... 얼마나 많이 찾아낼 수 있을까요?

π 속 숫자	나에게는 어떤 의미?
1)	
2)	
3)	
4)	
5)	
6)	

2. 재미있는 π 행시(모둠 활동)
   재미있는 π 행 시를 지어봅시다. 그리고 가장 재미있게 지은 모둠은 누구일지 뽑아봅시다.

   [콘테스트 참가방법]
   1) 아래에 π 숫자와 글자 수를 맞게 글을 쓰세요.
   2) 자르는 선을 따라 가위로 자른 후, 재접착 풀을 붙여 벽에 붙입니다.
   3) 돌아다니면서 가장 마음에 드는 글에 스티커를 붙여주세요.
   4) 가장 많은 스티커를 얻은 글을 뽑아 선물을 드려요!

---자르는 선--------------------------------------

π 행시 짓기 콘테스트!!									
3									
1									
4									
1									
5									
9									
2									

여기에 스티커를 붙여주세요.

3. π 암기왕 선발대회(개별 활동)

3. 141592.... 여러분은 π를 얼마나 기억할 수 있나요? 현재 원주율 암기왕으로 기네스북에 등재되어 있는 사람은 중국인 Chao Lu입니다. 그는 67890자리까지 외웠다고 합니다. 자, π 암기왕 선발대회에서 가장 긴 암송을 하는 친구는 누구일까요? 푸짐한 상품도 있답니다!

- **표현 및 내면화**

여러분! π의 매력을 느껴보셨나요? π 데이를 모르는 친구들, 동생, 언니, 오빠, 형에게 나만의 π 로고 스티커를 만들어 선물해보세요!(선생님이 나누어 주는 라벨지 종이를 활용하세요)

참고자료

가. π day의 유래와 역사(출처: 두산백과, 위키백과)

파이(π)는 둘레를 뜻하는 그리스어의 머리글자 'π(파이:pi)'에서 유래한 것으로, π day는 프랑스의 수학자이자 선교사인 자르투(P.Jartoux)가 원주율 값인 3.14를 고안한 것을 기리기 위해 제정한 날이다. 즉, 원주율의 근사값 3.14를 기준으로 하여 3월 14일이 바로 π day이다.

세계 여러나라에서 3월 14일이 되면 π와 관련된 행사를 하는데, 3.14159에 맞추어 3월 14일 1시 59분에 기념행사를 하기도 한다.

1) 기념 행사 풍습

파이값 외우기, 파이 먹기, 파이 없는 세상 상상하기, 파이값 구하거나 찾기, 3분 14초 동안 묵상을 한 뒤, "해피 파이 데이 투유(Happy pi day to you)"라는 파이데이 송을 부르기 등 수학관련 단체를 중심으로 다양한 기념행사를 연다.

2) 3월 14일 외 파이 근사값의 날(학생들에게 퀴즈로 활용해도 유용함)

- 3월 4일: 3월의 14%가 지난 날.
- 4월 26일: 그 해의 시작부터 그 날까지 지구가 공전한 거리가 천문단위가 되는 날. 따라서 지구 공전궤도의 둘레를 지구가 그 날까지 이동한 거리로 나누면 원주율이 됨.
- 7월 22일: 원주율의 근사값 중 하나인 22/7에서 유래.
- 11월 10일: 1년 중 314번째 날이다. 윤년에는 11월 9일.
- 12월 21일 오후 1시 13분: 1년의 355번째 날. 원주율의 근사값 중 하나인 355/113에서 유래.

나. π값

3.14159 26535 89793 23846 26433 83279 50288 41971 69399 37510
58209 74944 59230 78164 06286 20899 86280 34825 34211 70679
82148 08651 32823 06647 09384 46095 50582 23172 53594 08128
48111 74502 84102 70193 85211 05559 64462 29489 54930 38196
44288 10975 66593 34461 28475 64823 37867 83165 27120 19091
45648 56692 34603 48610 45432 66482 13393 60726 02491 41273
72458 70066 06315 58817 48815 20920 96282 92540 91715 36436
78925 90360 01133 05305 48820 46652 13841 46951 94151 16094
33057 27036 57595 91953 09218 61173 81932 61179 31051 18548
07446 23799 62749 56735 18857 52724 89122 79381 83011 94912

98336 73362 44065 66430 86021 39494 63952 24737 19070 21798
60943 70277 05392 17176 29317 67523 84674 81846 76694 05132
00056 81271 45263 56082 77857 71342 75778 96091 73637 17872
14684 40901 22495 34301 46549 58537 10507 92279 68925 89235
42019 95611 21290 21960 86403 44181 59813 62977 47713 09960
51870 72113 49999 99837 29780 49951 05973 17328 16096 31859
50244 59455 34690 83026 42522 30825 33446 85035 26193 11881
71010 00313 78387 52886 58753 32083 81420 61717 76691 47303
59825 34904 28755 46873 11595 62863 88235 37875 93751 95778
18577 80532 17122 68066 13001 92787 66111 95909 21642 01989

38095 25720 10654 85863 27886 59361 53381 82796 82303 01952
03530 18529 68995 77362 25994 13891 24972 17752 83479 13151
55748 57242 45415 06959 50829 53311 68617 27855 88907 50983
81754 63746 49393 19255 06040 09277 01671 13900 98488 24012
85836 16035 63707 66010 47101 81942 95559 61989 46767 83744
94482 55379 77472 68471 04047 53464 62080 46684 25906 94912
93313 67702 89891 52104 75216 20569 66024 05803 81501 93511
25338 24300 35587 64024 74964 73263 91419 92726 04269 92279
67823 54781 63600 93417 21641 21992 45863 15030 28618 29745
55706 74983 85054 94588 58692 69956 90927 21079 75093 02955

32116 53449 87202 75596 02364 80665 49911 98818 34797 75356
63698 07426 54252 78625 51818 41757 46728 90977 77279 38000
81647 06001 61452 49192 17321 72147 72350 14144 19735 68548
16136 11573 52552 13347 57418 49468 43852 33239 07394 14333
45477 62416 86251 89835 69485 56209 92192 22184 27255 02542
56887 67179 04946 01653 46680 49886 27232 79178 60857 84383
82796 79766 81454 10095 38837 86360 95068 00642 25125 20511....

다. π공 제작 방법

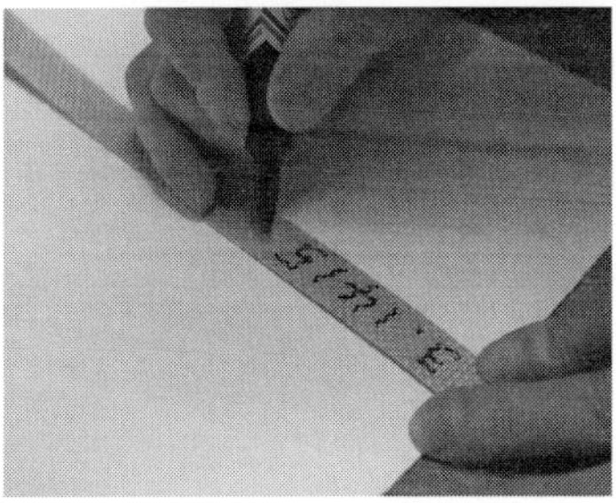	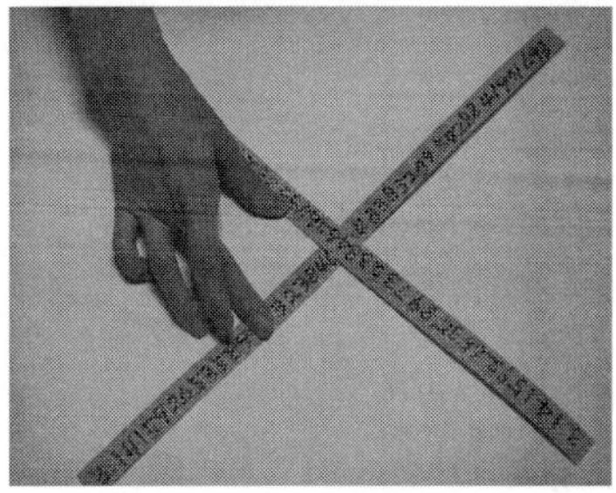
① 매직으로 노끈 6개에 파이값을 적는다.	② 두 개의 끈을 교차로 놓는다.
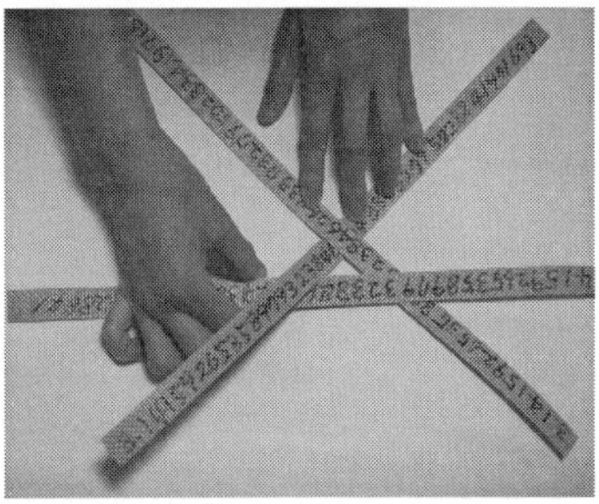	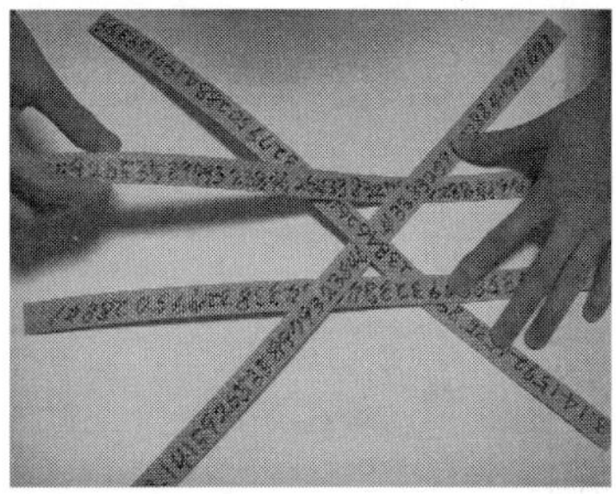
③ 3번째 끈을 엇갈리게 놓는다.	④ 4번째 끈을 엇갈리게 놓는다. 반드시 모든 끈이 서로 엇갈려 있어야 한다.
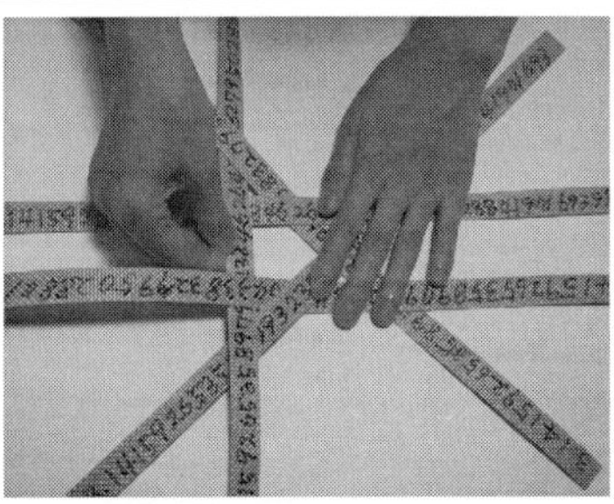	
⑤ 5번째 끈을 세로로 끼워 놓는다. 모든 끈이 서로 교차되어 있는지 확인한다.	⑥ ⑤번을 조금씩 움직여가며 별모양이 되도록 만든다. 흐트러지지 않도록 별의 끝부분(빨간원)에 각각 클립을 끼워둔다.

⑦ 6번째 끈을 동그랗게 붙여 고리를 만든다.	⑧ 클립으로 고정된 노끈 중 아래에 있는 끈을 모두 고리안에 넣는다.
	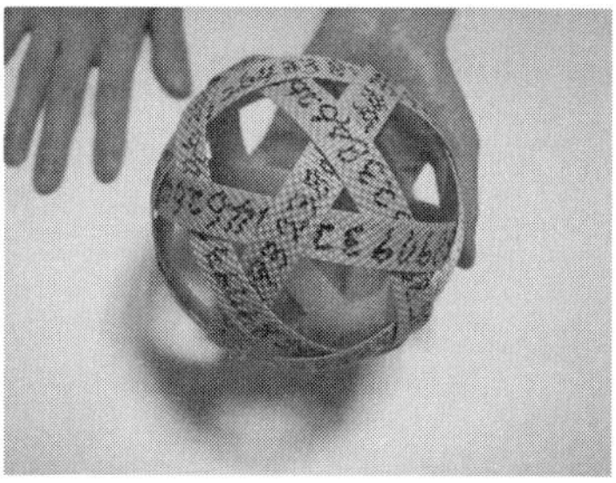
⑨ 고리 밖으로 나온 끈들의 끝부분이 모두 위의 그림과 같이 삼각형 모양으로 서로 엇갈려 있도록 만든다.	⑩ 끈의 길이를 비슷하게 조정하여 마주보는 끈끼리 붙이면 파이 공이 완성된다.

라. π 공과 축구공의 비밀

1) 공이 모든 방향으로 잘 굴러가기 위해서는 구에 가깝게 만들어 내야 한다. 축구공 역시 이러한 고민과 발상에서부터 시작되었다고 할 수 있다. 이 축구공은 12개의 오각형과 20개의 육각형으로 이루어져

있는데, 정다면체로 이를 만들 수 있다. 우리가 살고 있는 3차원세계에서 존재하는 정다면체는 정4면체, 정6면체, 정8면체, 정12면체, 정20면체뿐인데, 그 중 가장 면이 많은 정20면체가 구를 만들어내는데 적합하다.

3) 정20면체에서 12개의 꼭지점을 깎으면 12개의 오각형과 20개의 육각형이 만들어지며 가장 구에 가까와지는 형태가 된다.

4) 그림과 같이 π공 속에서도 정육각형과 정오각형을 찾을 수 있다.

제3절 자동차 경주

■ 활동 개요

1. 목표

1) 여러 가지 실험을 통해 자동차의 이동거리를 측정하고 그 결과를 표와 그래프로 표현할 수 있다.
2) 자동차의 형태에 따른 이동거리 변화를 탐구하고 그 관계를 수학적으로 표현할 수 있다.

2. 내용

본 활동은 먼저 레고 브릭을 이용하여 자동차를 만들고, 여러 가지 동력을 이용하여 자동차를 직접 굴려봄으로써 자동차가 움직이는 원리를 이해할 수 있도록 하였다. 그리고 두 번째와 세 번째는 여러 가지 변인을 고려하여 레고 브릭으로 만든 자동차를 멀리 움직이기 위한 실험을 설계하여 실험 결과를 분석할 수 있다. 특히, 이 과정에서는 직접적인 거리 측정을 통한 결과분석이 아니라 원판의 회전수를 통해 이동 거리를 측정하도록 하여 비와 비율의 개념을 이해하고, 비례식을 통해 이동 거리를 계산할 수 있도록 하였다. 이러한 활동은 학생들로 하여금 구체적인 조작활동을 통해 흥미를 가지고 수학 활동에 참여하도록 한다. 스스로 여러 가지 변인을 고려하여 실험을 설계하고, 그 결과를 정리하여 수학적으로 표현하여 의사소통 할 수 있는 기회를 갖도록 한다.

차시	주요 탐구실험 내용	주안점
1	• 풍선으로 가는 자동차 - 레고 브릭으로 자동차를 만들고 풍선을 이용하여 움직여 보기	수학적 의사소통 활동 수학적 추론활동
2	• 자동차를 움직여라 - 무게나 바퀴의 크기를 달리하여 레고 브릭으로 만든 자동차가 움직이는 거리를 측정하고, 무게와 자동차가 움직이는 거리 사이의 관계 탐구하기	수학적 의사소통 활동 수학적 추론활동
3	• 얼마나 멀리갈까? - 경사로를 달리하여 레고 브릭으로 만든 자동차가 움직이는 거리를 측정하고, 경사로와 자동차가 움직이는 거리 사이의 관계 탐구하기	수학적 의사소통 활동 수학적 추론활동

■ 교육과정과의 연계성

본 활동은 측정영역과 관련한 수학실험이다. 측정영역에서는 저학년에서 길이측정을 통한 측정의 개념 이해와 도구를 활용한 측정하기를 학습하게 되는데, '자동차 경주' 수학 실험 활동은 6학년을 대상으로 하여 전학년에서 학습한 측정의 개념을 토대로 실질적으로 수학적으로 계산하는 기회를 제공한다. 이는 일상생활에서 실제적 측정(물리적으로 측정하는 행위의 필요성)과 수학적 측정(측정값을 수학적으로 계산해내는 것)과의 연관성을 찾을 수 있도록 하는 것이다. 이를 위하여 본 실험은 다양한 변인을 학생 스스로 통제하고 실험결과를 탐구하고 결과를 도출해낼 수 있도록 구성하였다.

자동차 경주

2-2-3

- 길이 재기
  - 자를 이용하여 길이 재기
  - 1cm, 1m 이해하기
  - 길이 어림하기

→ 풍선을 이용해 자동차를 움직여 이동거리 측정하기

자동차의 무게나 바퀴의 크기에 따른 자동차의 이동거리 측정하기 ←

5-2-7

- 비와 비율
  - 비율의 이해

6-1-7

- 비례식
  - 비례식을 이용한 계산

4-2-6

- 수의 범위와 어림
  - 올림과 버림

5-2-6

- 자료의 표현과 해석
  - 평균
  - 그래프 표현 및 설명

→ 경사로의 각도에 따른 자동차의 이동거리 측정하여 표현하기

교사를 위한 TIP

- 레고 브릭을 조립하여 자동차를 만들 때, 두 명이 한 조가 되어 협력하여 만들 수 있도록 한다.
- 본 수업의 목적이 단순히 레고 브릭을 조립하여 자동차를 만드는 것이 아니기 때문에 학생들로 하여금 각각의 레고 부릭이 어떠한 기능을 하는지 생각할 수 있는 발문과 자동차를 멀리 굴리기 위해 필요한 조건이 무엇인지 다양한 측면에서 고려할 수 있는 발문을 한다.
- 실험에서 모둠원들의 역할을 미리 계획하여 분담하도록 하여 원활한 실험 활동이 이루어지도록 안내한다.

■ 교수-학습 과정안

<table>
<tr><td>활동주제</td><td colspan="3">풍선으로 가는 자동차(1/3)</td></tr>
<tr><td>학습목표</td><td>1. 풍선을 이용해 자동차를 움직이는 방법을 찾아보고 이동거리를 측정할 수 있다.
2. 자동차의 무게와 이동거리 간의 규칙을 찾아볼 수 있다.</td><td>학습자료</td><td>레고®에듀케이션 9686세트, 풍선, 줄자, 전자저울</td></tr>
<tr><td>펀매스 실험과정</td><td colspan="3">교수학습 활동 내용 및 수업의 전개</td></tr>
<tr><td>문제이해</td><td colspan="3">■ 준비 활동(학급 전체 토의)
1) 동기유발
• 학습자의 이해를 돕기 위한 사진 및 그림 자료 제시: 무거운 짐을 운반하기 위해 어떤 방법을 사용할 수 있을까요?(굴림대, 수레바퀴, 자동차 등 바퀴의 변천사를 그림자료로 제시)
• 타이어, 허브, 축, 빔, 브릭 등 레고부품에 친숙해지는 시간을 갖기: 바퀴에 관심가지기
2) 문제상황 확인
[레고 부품을 이용해 자동차를 만들 수 있을까요? 풍선을 이용해 레고 브릭으로 만든 자동차를 움직이는 방법을 찾아봅시다.]
• 레고 부릭을 이용해 자동차를 만드는 방법을 찾아보기: 바퀴와 축을 연결</td></tr>
<tr><td>가설설정</td><td colspan="3">■ 가설설정활동(개별 활동)
• 풍선을 이용해 자동차를 움직이기 위한 방법과 관련하여 말로 정리하기
[풍선을 이용해 자동차를 움직이려면,(　　　　　　　　)
자동차가 무거울수록 자동차의 이동거리는(　　　　　　)]
• 각자의 가설을 보충설명하기 위해 자신의 생각을 그림으로 표현할 수 있음.</td></tr>
</table>

탐구실험	■ 탐구실험활동(개별 활동) • 1인당 1개의 풍선을 불어서 풍선의 이동방향을 확인해본다: 풍선의 이동방향은 어떠한가? 자동차를 움직이게 하기 위해서는 풍선을 어떻게 사용할 수 있을까? • 각자 레고 브릭을 이용하여 자동차를 만들어 보기. 완성된 자동차에 풍선을 매달아 움직여 보기. 이때 자동차의 이동방향과 풍선의 이동방향이 반대 방향이 되어야 함.
가설검증	■ 가설검증활동(모둠 활동) • 자신이 각자 만든 풍선자동차를 만들어 동일한 출발선에서 움직여 본다. 자동차가 풍선의 힘으로 움직이나요? 풍선 자동차는 얼마나 멀리까지 움직이나요? • 자신이 각자 만든 풍선 자동차에 사용한 부품수를 기록하고 전자저울을 이용해 자동차의 무게를 측정하기.
정당화 및 표현	■ 정당화 및 표현활동 • 각 모둠별 자동차의 이동거리, 무게에 대해 확인하고 각 모둠별로 기록한 내용과 비교해보기 • 각 모둠별 가장 멀리 움직이는 자동차를 찾아보고 그에 나타난 규칙을 확인해보고 왜 그러한 규칙을 찾아내었는지 이야기나누기 • 각 모둠별 자동차 중에서 어떠한 자동차가 가장 멀리까지 이동하는지 확인하기 • 모둠별 대표로 자동차 경주에 나올 자동차를 제작하기 위한 수학적 표현(기호, 숫자, 글자 등)을 결정하기 ※ 모둠원을 4인 1조로 구성(혹은 4인 이하로 구성)하고 각자 자동차를 만들어서 위의 [가설설정-탐구실험-가설검증-정당화 및 표현] 활동을 경험하게 함. 각 모둠별로 자동차 경주의 대표로 나올 자동차를 선발하기 위하여 가장 멀리까지 이동하기 위한 최적의 조건(풍선, 자동차의 무게)에 대해 실험을 통해 결과를 도출함.

<table>
<tr><td>활동주제</td><td colspan="3">자동차를 움직여라(2/3)</td></tr>
<tr><td>학습목표</td><td>1. 자동차 형태와 이동거리와의 연관성에 대해 알아볼 수 있다.
2. 4가지 변인을 통제하여 실험한 결과를 비교할 수 있다.</td><td>학습
자료</td><td>레고®에듀케이션 9686세트, 풍선, 줄자, 전자저울</td></tr>
<tr><td>펀매스
실험과정</td><td colspan="3">교수학습 활동 내용 및 수업의 전개</td></tr>
<tr><td>문제이해</td><td colspan="3">■ 준비 활동(학급 전체 토의)
1) 동기유발 및 상황제시
• 자동차를 움직이기 위해 풍선을 어떻게 활용했나요?
• 자동차의 무게에 따라 이동거리가 달라졌나요
• 경사로에서 어떤 자동차가 가장 멀리까지 이동할까요?</td></tr>
<tr><td>가설설정</td><td colspan="3">■ 가설설정활동(개별 활동)
• 이번 시간에는 조립카드를 이용해서 만들게 되므로 조립카드를 우선 보고 어떤 형태의 자동차가 가장 멀리까지 이동시킬 지 예상하여 가설을 세워보도록 한다.

자동차에 사용한 바퀴 크기에 따라서 이동거리가 달라질까요?
내가 만든 자동차는 바퀴가(　　　　　　)수록 이동거리가
(　　　　　　　　　　　　)

• 각자의 가설을 보충설명하기 위해 자신의 생각을 그림으로 표현할 수 있음.</td></tr>
<tr><td>탐구실험</td><td colspan="3">■ 탐구실험활동(개별 활동)
• 1인당 레고®에듀케이션 9686세트의 조립카드 3A, 3B를 활용하여 12번까지 모형을 완성하기.
• 완성된 자동차를 경사로에서 움직여 보기(경사로의 높이는 15cm정도로 설치).
• 자동차를 움직여보고 위에 있는 원판이 얼마나 회전하는지 확인하기.
• 자동차에 연결된 기어의 톱니 수를 보고 회전방향과 회전수를 확인(바퀴가 한번 회전할 때 위의 원판은 얼마나 회전하게 될까요?)</td></tr>
</table>

탐구실험	• 부품을 추가할 경우 어떤 변화가 생길지 자신의 예상을 기록하기. ☞ 무게추를 자동차에 실어서 자동차 무게를 증가시키기 ☞ 뒷바퀴를 큰 것으로 교체하기 ☞ 무게추와 큰 바퀴를 모두 사용하기
가설검증	■ 가설검증활동(모둠 활동) • 각자 만든 자동차를 만들어 경사로에서 움직여 보기. 위에 제시된 4가지 조건을 다 실험해보고 각자의 예상과 결과를 비교해본다: 기본형 자동차, 무게추 자동차, 큰바퀴 자동차, 무게추 +큰바퀴 자동차
정당화 및 표현	■ 정당화 및 표현활동 • 각자 4가지 조건별 예상내용과 결과를 발표해보고 서로 발견한 점에 대해 논의하기. 예를 들어 무게추를 연결한 위치, 큰 바퀴를 몇 개나 사용했는지 등에 따라 이동거리가 얼마나 달라졌는지 확인. • 가장 멀리 움직인 자동차는 어떤 형태였는지, 사용한 부품과 이동거리에 대해 논의해 보기. • 각자 최종 완성된 자동차를 소개하는 자료를 만들기(이동거리, 형태, 특징 등을 그림 또는 글로 작성한다) ※ 학생들이 조립카드를 보고 자동차를 만들어서 실험하는 시간이 모두 다를 수 있으므로 교실 한쪽에 경사로를 만들어서 실험을 할 수 있는 공간을 제공. 이때 2인 1조로 모형을 만들어서 실험함.

<table>
<tr><td>활동주제</td><td colspan="3">얼마나 멀리갈까?(3/3)</td></tr>
<tr><td>학습목표</td><td>1. 경사로의 기울기에 따른 자동차 이동거리를 비교해 볼 수 있다.
2. 실험결과를 얻어진 내용을 수학적으로 표현할 수 있다.</td><td>학습 자료</td><td>레고®에듀케이션 9686세트, 풍선, 줄자, 전자저울</td></tr>
<tr><td>편매스 실험과정</td><td colspan="3">교수학습 활동 내용 및 수업의 전개</td></tr>
<tr><td>문제이해</td><td colspan="3">■ 준비 활동(학급 전체 토의)
1) 동기유발 및 과제 제시
• 학습자의 경사로를 내려가는데 가장 멀리까지 이동한 자동차의 형태는 어떠했나요?
• 자동차의 무게 또는 바퀴 크기가 달라지면 이동거리가 달라졌나요?
• 경사로의 높이가 높아지면 자동차의 이동거리가 달라질까요?</td></tr>
<tr><td>가설설정</td><td colspan="3">■ 가설설정활동(개별 활동)
• 자동차 경주를 하기 위한 상황변화에 따른 가설을 말로 정리하기: 지난 시간에는 경사로에서 자동차를 이동시켜 보았는데 이번에는 경사로 환경을 변화시켰을 때, 어떻게 달라질지 논의하기

경사로의 높이가(　　　　　　　　　　), 자동차의 이동거리는
(　　　　　　　　　　　　　　)

• 각자의 가설을 보충설명하기 위해 자신의 생각을 그림으로 표현할 수 있음</td></tr>
<tr><td>탐구실험</td><td colspan="3">■ 탐구실험활동(개별 활동)
• 1인당 레고®에듀케이션 9686세트의 조립카드 3A, 3B를 활용하여 12번까지 모형을 완성하기
(*만약 2차시와 연차시로 진행될 경우에는 다시 조립하지 않고 완성된 모형을 그대로 활용하여 실험을 진행할 수 있음)
• 완성된 자동차를 경사로에서 움직여 보기(경사로의 높이는 30cm). 자동차를 움직여보고 위에 있는 원판이 얼마나 회전하는지 확인하기(회전수를 많을수록 이동거리가 길어지나 회전수를 확인하기 어려울 경우 줄자를 이용해 측정함)</td></tr>
</table>

탐구실험	• 4가지 조건에 맞춰 자동차를 변형시켜서 예상한 내용을 실험을 통해 확인 : 기본형 자동차, 무게추 자동차, 큰바퀴 자동차, 무게추 + 큰바퀴 자동차 • 경사로에서 내려가지 않고 아래에서 올라갈 경우에는 어떤 결과가 나올지 실험해 보기. 이때 4가지 조건을 모두 실험해 보고 예상과 결과를 비교하기
가설검증	■ 가설검증활동(모둠 활동) • 자신이 각자 만든 자동차를 변형시켜서 자동차경주를 해서 이동거리를 기록하기 ☞ 경기 1: 30cm 경사로에서 내려가기 ☞ 경기 2: 30cm 경사로에서 올라가기 • 경기 1과 경기 2에 대해 어떤 결과가 나올지 예측해보고 결과를 비교하기
정당화 및 표현	■ 정당화 및 표현활동 • 각자 경기 1과 경기 2에서 발견한 점에 대해 논의해 보기. 가장 멀리 또는 높이 움직인 자동차는 어떤 형태였는지, 사용한 부품과 이동거리에 대해 확인 • 자동차를 움직이는데 사용된 기어비를 비례식을 사용하여 표현하기 • 각자 최종 완성된 자동차를 소개하는 자료를 만들기(이동거리, 형태, 특징 등을 그림 또는 글로 작성)

■ 활동지

즐거운 수학 실험

자동차 경주

활 동 1 풍선으로 가는 자동차

• 생각해 보기

1. 다양한 자동차의 모습을 관찰해 보세요.

• **가설 세우기**

풍선을 이용해 자동차를 움직이는 방법을 말과 그림으로 설명하려면,

• 탐구 실험

1. 모둠원들의 설험결과를 기록해 보세요.

모둠원	이동거리			자동차 무게
	1차 실험	2차 실험	3차 실험	

2. 실험결과를 바탕으로 이동거리와 자동차 무게 사이의 관계를 정리해 봅시다.

활 동 2 자동차를 움직여라

• **가설 세우기**

1. 자동차를 가장 멀리까지 움직이게 하려면 어떤 형태의 자동차를 만들어야 할지 각자의 예상을 말 또는 그림으로 정리해 봅시다.

- **탐구 실험**

1. 4가지 조건을 다르게 하여 자동차의 이동거리를 측정해 보세요.

자동차 형태	이동거리			자동차 무게
	1차 실험	2차 실험	3차 실험	
기본형				
무게추 추가				
큰 바퀴 사용				
무게추 + 큰 바퀴				

2. 각자 모눈종이에 실험결과를 그래프로 정리해 보세요.

3. 실험결과를 바탕으로 이동거리와 자동차 무게 사이의 관계를 식으로 나타내어 봅시다(관계식으로 표현할 수 없다면, 자동차 무게에 따라 이동거리가 어떻게 달라지는지 설명해 봅시다).

활동 3 얼마나 멀리 갈까?

• 가설 세우기

1. 경사로의 높이를 다르게 했을 때 자동차의 이동거리가 어떻게 될지 각자의 가설을 말과 그림으로 정리해 보세요.

- **탐구 실험**

1. 경사로를 내려가기 위해 4가지 조건을 다르게 하여 이동거리를 측정해 보세요.

자동차 형태	경사로(30cm)에서 내려가는 이동거리			자동차 무게
	1차 실험	2차 실험	3차 실험	
기본형				
무게추 추가				
큰 바퀴 사용				
무게추 + 큰 바퀴				

2. 경사로를 올라가기 위해 4가지 조건을 다르게 하여 이동거리를 측정해 보세요.

자동차 형태	경사로(30cm)에서 올라가는 이동거리			자동차 무게
	1차 실험	2차 실험	3차 실험	
기본형				
무게추 추가				
큰 바퀴 사용				
무게추 + 큰 바퀴				

• **정당화 및 표현**

1. 자신이 수학실험을 통해 발견한 자동차의 형태와 이동거리, 경사로의 높이 등의 관계에 대해 친구들에게 설명해 봅시다. 그리고 이러한 관계를 발견한 것이 어떤 의미가 있는지도 이유를 들어 설명해 봅시다.

제4절 아이가 커졌어요!

■ 활동 개요

1. 목표

1) 비례에 따라 길이와 넓이가 어떻게 달라질지 실험하고 설명할 수 있다.
2) 고무줄로 만들어진 비례작도 도구의 원리를 탐구하고 비례에 맞게 그림을 그릴 수 있다.

2. 내용

본 활동은 크게 비례의 원리를 이해하고 길이-넓이간의 관계가 비례에 따라 어떻게 변화되는지 예측하여 실험해보는 과정과, 비례작도 도구의 원리를 탐구하고 이를 활용하여 확대된 아기 모형을 그리는 과정으로 구성되어 있다. 학생들은 변화되는 두 양의 관계를 탐구하고 이를 표현해봄으로써 비와 비율, 비례식을 체험해보는 기회를 갖게 된다. 또한 '정당화 및 표현단계'에서는 실험을 통해 알게 된 내용을 보다 확장하여 일반화하는 방법을 학습하게 된다.

차시	주요 탐구실험 내용	주안점
1-2 연차시	• 커진 아기의 발자국을 그리자 - 길이와 넓이가 비례에 따라 어떻게 달라지는지 탐구하기	수학적 의사소통 활동 수학적 추론 활동
3	• '아이가 커졌어요' 포스터를 그리자 - 고무줄로 만들어진 비례작도 도구의 원리를 탐구하고 비례에 맞게 확대 그림 그리기	수학적 추론 활동 및 수학적 글쓰기

■ 교육과정과의 연계성

본 활동은 규칙성과 문제해결 영역의 비와 비율, 비례식과 관련된 수학 실험이다. 이 활동을 위해서는 먼저 평면도형의 둘레, 넓이의 개념을 이해하고 있어야 하며 길이와 넓이간의 관계가 어떻게 변화되는지 탐구할 수 있어야 한다. 이를 바탕으로 5학년 비와 비율, 6학년 비례식을 활용하여 변화하는 양간의 관계를 이해할 수 있다. 본 활동이 6학년을 대상으로 하는 이유는 최종적으로 실험을 통해 알게 된 양의 관계를 수식으로 표현해보고 이를 다시 비례작도 도구의 원리를 탐구하는데 활용할 수 있어야 하기 때문이다. 본 활동에서 사용되는 비례작도 도구란 고무줄의 길이를 변화시켜 비례를 시각화 해볼 수 있도록 하는 간단한 도구이다. 교사는 학생들이 이를 활용하여 그림을 정교하게 그리기 보다는 그 속에 숨겨진 비례식의 원리를 발견할 수 있도록 유도해야 한다.

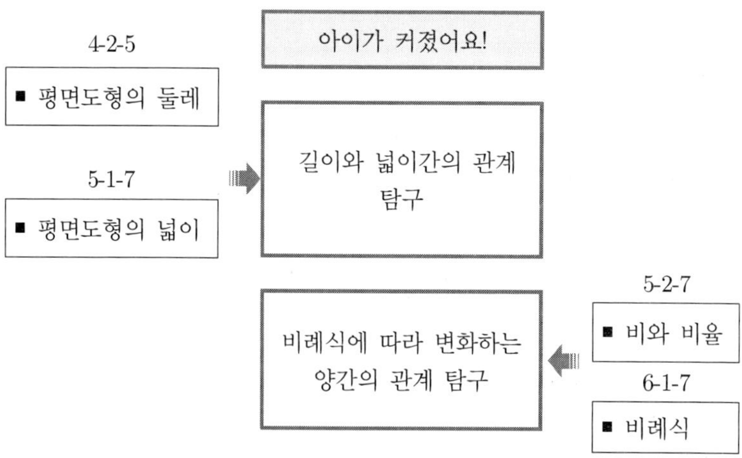

교사를 위한 TIP

- 길이-넓이 간의 관계가 비례에 따라 어떻게 달라지는지 충분하게 토의할 수 있는 시간을 주어야 한다. 따라서 연차시 분으로 구성하였다.
- 실험에서 모둠원들의 역할을 미리 계획하여 분담하도록 하여 원활한 실험 활동이 이루어지도록 안내한다.
- 비례작도 도구로 그림을 정교하게 그리는 것보다는 고무줄의 길이를 어떻게 변화시킬 것인가에 대한 도구 원리를 탐구하는데 시간을 할애할 수 있도록 하는 교사의 안내가 필요하다.
- 3차시 분으로 구성되어 있으나, 교사의 계획에 따라 융통적으로 시간을 활용할 수 있다.
- 수학적 글쓰기 과정에서 반드시 실험과정과 탐구 결과의 정당성을 나타낼 수 있도록 안내해야 한다.

■ 교수-학습 과정안

<table>
<tr><td>활동주제</td><td colspan="3">커진 아기의 발자국을 그리자(1-2/3)</td></tr>
<tr><td>학습목표</td><td>1. 비례에 따라 길이가 어떻게 달라질지 실험하고 설명할 수 있다.
2. 비례에 따라 넓이가 어떻게 달라질지 실험하고 설명할 수 있다.</td><td>학습 자료</td><td>영화 ‘아이가 커졌어요’ 동영상, A4 모눈종이, 자, 펜, 셀로판테이프,</td></tr>
<tr><td>펀매스 실험과정</td><td colspan="3">교수학습 활동 내용 및 수업의 전개</td></tr>
<tr><td>문제이해</td><td colspan="3">■ 준비 활동(학급 전체 토의)
• 동기유발 및 과제 제시
- 영화 ‘아이가 커졌어요’를 2분 정도 보여주기

우리는 영화 ‘아이가 커졌어요’를 위해 무대 세트를 꾸며야 합니다. 아기 발자국이 커진 것을 보고 부모님이 “오~ 우리 아이가 3배나 커져버렸어!”라고 외치는 장면을 꾸미려고 합니다. 아기의 발자국을 만들어 봅시다.</td></tr>
<tr><td>가설설정</td><td colspan="3">■ 가설설정활동(개별 활동)
• 발자국을 3배 커지게 하려면 어떻게 해야 할지 토의해보기
• 얼마나 커지게 될지 대략의 넓이를 가늠해보고 그려보기

발자국이 3배가 늘어난다면 길이는( )배, 넓이는( )가 늘어날 것이다. 따라서 A4 종이가 대략( )장 필요할 것이다.</td></tr>
<tr><td>탐구실험</td><td colspan="3">■ 탐구실험활동
• 가장 긴 길이, 가장 큰 너비, 가장 큰 발가락 길이와 너비 등을 비교해보기
• 길이와 넓이가 원래의 발과 비교해 보았을 때 어떻게 늘었는지 확인하고 설명쓰기
• 원래의 발과 비교하여 길이의 비와 넓이의 비가 어떻게 달라졌는지 활동지에 써보기</td></tr>
</table>

가설검증	■ 가설검증활동 • 탐구실험을 통해 알게 된 내용을 정리하기(길이가 3배로 늘면, 넓이는 9배로 늘게 된다 등) • 처음 새운 가설에 오류가 있었는지, 맞았는지 확인하며 어느 부분을 수정할 것인가에 대해 논의하기
정당화 및 표현	■ 정당화 및 표현활동 • 4학년 동생들에게 설명하는 글쓰기 “만약 5배로 커진다면?” 이라는 새로운 적용상황에 정당한 답(일반화)을 제시하며 발표하기 • 각 모둠별 발표를 듣고, 왜 그러한 결과가 나왔는지를 생각해보며 발표하기

<table>
<tr><td>활동주제</td><td colspan="3">'아이가 커졌어요!' 포스터를 그리자(3/3)</td></tr>
<tr><td>학습목표</td><td>1. 비례작도 도구의 원리를 탐구하고 비례에 맞는 확대 그림을 그릴 수 있다.</td><td>학습자료</td><td>고무줄, 가위, 모눈종이, 펜, 고정판, 압정</td></tr>
<tr><td>펀매스 실험과정</td><td colspan="3">교수학습 활동 내용 및 수업의 전개</td></tr>
<tr><td>문제이해</td><td colspan="3">■ 준비 활동(학급 전체 토의)
• 동기유발 및 과제제시

영화 포스터에 그리기 위해 아이가 3배로 커졌다고 가정하여, 아기 모형을 그려 원래의 크기와 비교해보도록 할 예정입니다. 똑같은 크기의 고무줄을 이용하여 3배 늘어난 아기 모형을 그려보세요. 선생님이 제시한 비례작도 도구가 어떤 원리로 그려지는 것일지 실험을 통해 발견해 보세요.

• 문제상황을 확인하고 비례작도 도구 활용방법 가르쳐주기
- 3×3 정사각형을 2배 크게 그리는 방법 연습하기
※ 참고자료에 비례작도 도구 활용 방법 및 사진자료 첨부</td></tr>
<tr><td>가설설정</td><td colspan="3">■ 가설설정활동(모둠 활동)
• 어떠한 원리로 2배 크게 그려졌는지 논의하기
• 3배 커진 아기를 그리기 위해서는 어떻게 해야할지 가설 세워보기

비례작도 도구를 활용하여 3배 커진 아기를 그리기 위해서는 어떻게 해야 할까?(예상하여 구체적인 방법적기)</td></tr>
<tr><td>탐구실험</td><td colspan="3">■ 탐구실험활동(모둠 활동)
• 설정한 가설대로 주어진 도구를 이용하여 3배 확대된 아기를 그려보기
• 주어진 도구를 어떻게 활용하였으며, 어떠한 방식으로 그렸는지 설명쓰기
- [예시] 3배로 커진 아기를 그리기 위해서는 그림을 지나는 매듭을 기준으로 1:3 형태가 되어야 한다.</td></tr>
</table>

가설검증	■ 가설검증활동 • 원래의 아기와 확대된 아이가 1:3이 되려면, 고무줄을 고정시킨 부분을 기준으로 고무줄의 길이가 1:3이 됨을 발견하고 탐구 실험 결과 작성하기 • 자신이 그린 그림이 원래 그림의 3배가 되었는지 비례식으로 표현해보고 확인하기 • 자신이 세운 가설에서 오류가 있거나 수정해야 할 부분이 무엇인지 찾아 고쳐쓰기. 또는 자신의 가설이 맞았음을 근거를 들어 검증하기
정당화 및 표현	■ 정당화 및 표현활동 • 4학년 동생들에게 설명하는 글쓰기. "만약 5배로 커진다면?" 이라는 새로운 적용상황에 정당한 답(일반화)을 제시하며 발표하기 • 각 모둠별 발표를 듣고, 왜 그러한 결과가 나왔는지를 생각해보며 발표하기

■ 활동지

즐거운 수학 실험

아이가 커졌어요!

활 동 1 커진 아기 발자국 비교하기

• 가설 세우기

1. 커진 발자국을 그리려면 A4 종이는 얼마나 필요할까요?

발자국이 3배가 늘어난다면 길이는(　　)배, 넓이는(　　)가 늘어날 것이다. 따라서 A4 종이는 대략(　　)장 필요할 것이다.

2. 왜 그렇게 생각했나요? 그렇게 추측한 정당한 근거를 써보세요.

왜냐하면,

• 탐구 실험

연극에 쓰기 위해 이미 제작된 아기발자국과 원래의 아기 발자국의 크기를 비교해봅시다.

	원래의 발자국	3배 커진 발자국
가장 긴 길이	cm	cm
가장 큰 너비	cm	cm
대략의 넓이	cm^2	cm^2
필요한 A4용지 수	1장	장

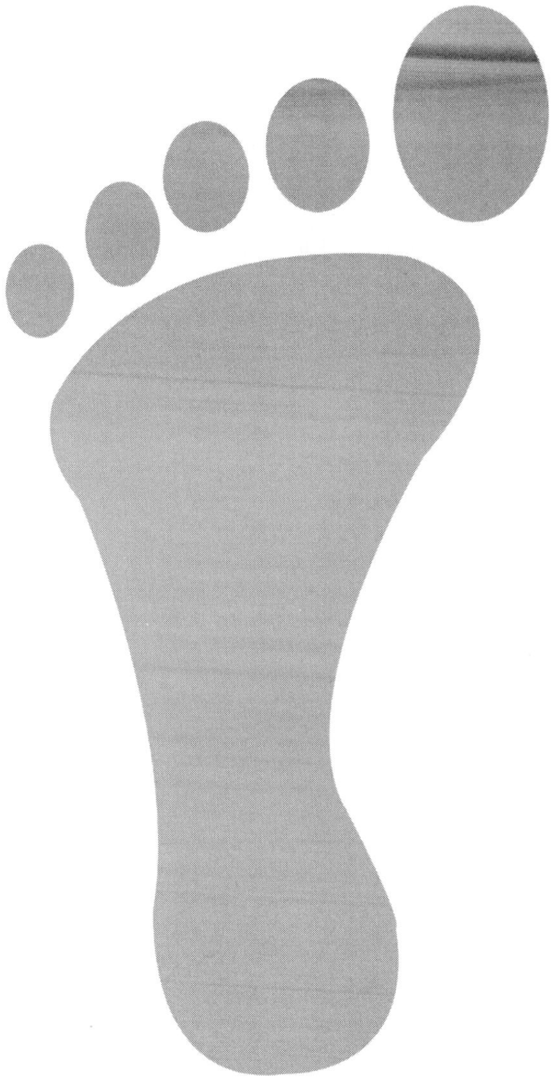

• 가설 검증

1. 측정 결과를 바탕으로 길이와 넓이 사이의 관계를 정리해 봅시다. 그리고 세웠던 가설이 맞는지 확인해 봅시다.

실험결과, 나의 가설은(맞았다 / 수정해야한다). 왜냐하면, 길이가 3배 늘어나면, 넓이는(도)(　　　　　)배 늘어나기 때문이다.

• 정당화 및 표현

'만약 5배가 커진다면?'이라고 물어봤다면, 여러분은 어떻게 설명하겠습니까? 자세히 설명해 주세요.

동생들아,

활 동 2 연극 포스터 제작하기

• **생각해 보기**

비례작도 도구를 활용하여 3×3 정사각형을 2배로 크게 그려봅시다.

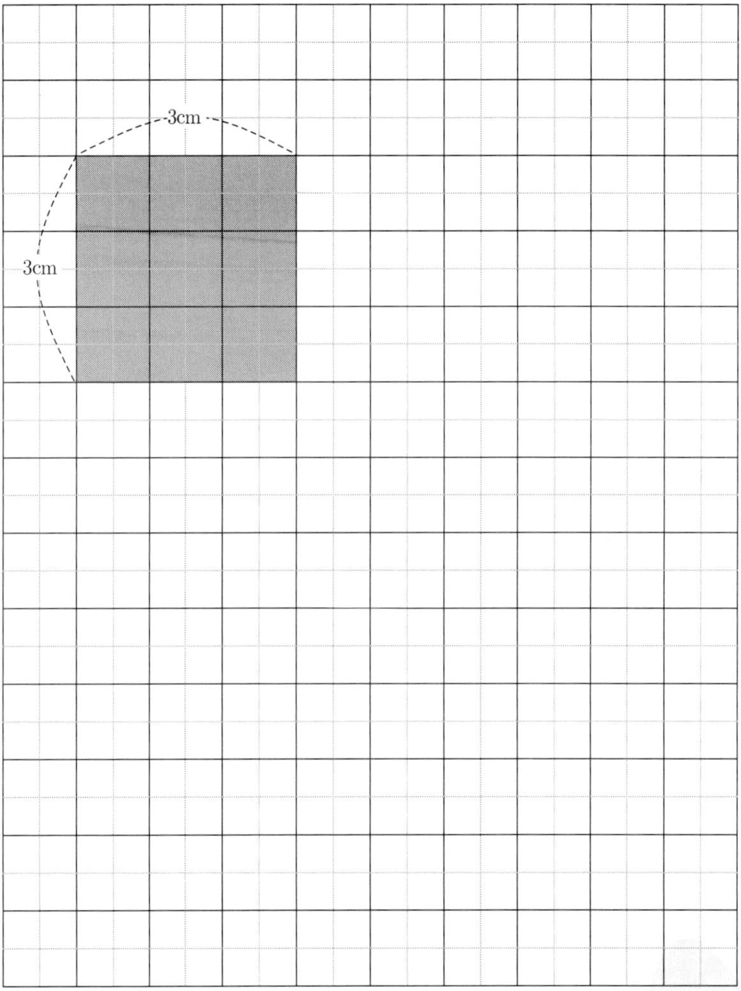

• **가설 세우기**

연극 포스터를 제작하기 위해 아이가 3배로 커졌다고 가정하고 본래의 아기 모습과 커진 아기 모습을 그려야 합니다. 똑같은 크기의 고무줄을 이용하여 3배 늘어난 아기의 모습을 그리려면 어떻게 해야 할까요?

비례작도 도구를 활용하여 3배 커진 아기를 그리기 위해서는 다음과 같이 해야할 것이다.

• **탐구 실험**

고무줄과 연필을 이용하여 3배 커진 아기를 그려봅시다. 그리고 어떠한 방법으로 그렸는지 방법을 자세히 적고 발표합니다.

• 가설 검증

원래의 아기와 확대된 아이가 1:3이 되려면, 다음과 같은 방법으로 그리면 된다.

(

)

왜냐하면,(

)

• 정당화 및 표현

4학년 동생들이 '5배가 커진 아기를 그리는 방법은?'이라고 물어봤다면, 여러분은 어떻게 설명하겠습니까? 자세히 설명해 주세요.

동생들아,

참고자료

가. 비례작도 도구 제작 및 활용방법

길이와 탄성이 동일한 고무줄 2개를 묶어 한쪽을 고정시킨 후, 나머지 한쪽에는 연필을 끼워 그릴 수 있도록 준비한다. 고무줄 가운데의 매듭이 그림의 윤곽을 따라 지나도록 하여 모눈종이에 2배 커진 그림을 그릴 수 있도록 한다.

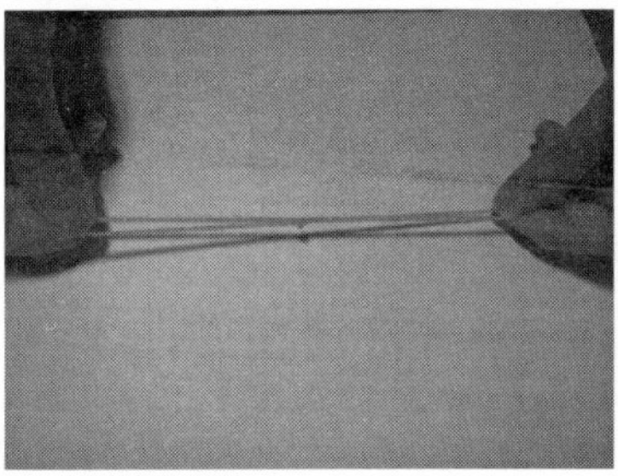	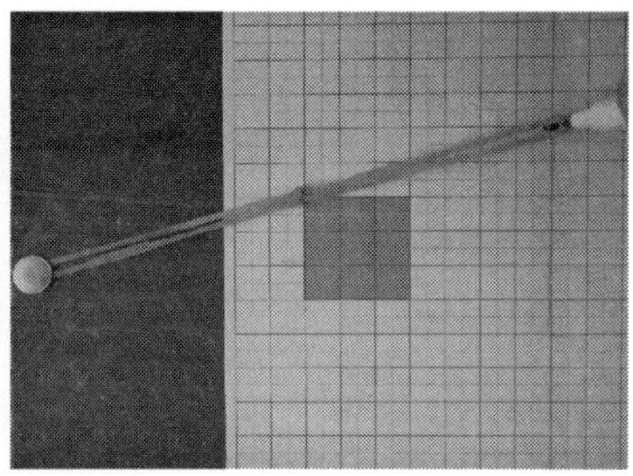
길이와 탄성이 동일한 고무줄 2개를 묶는다.	한쪽을 고정시킨후, 그림의 윤곽에 매듭이 오도록 하여 따라 그린다.

나. 그림을 3배로 확대하여 그리는 방법

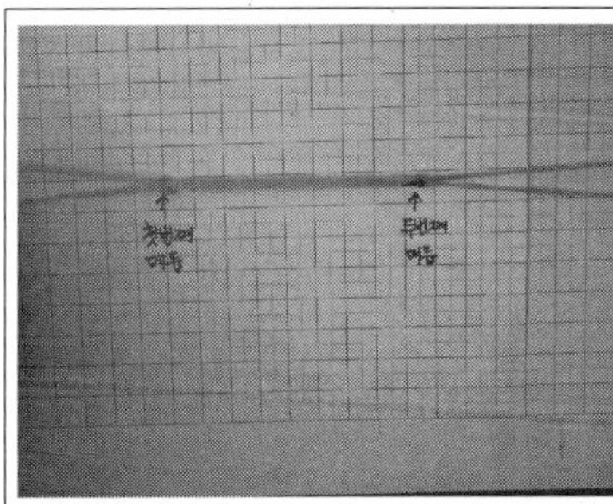	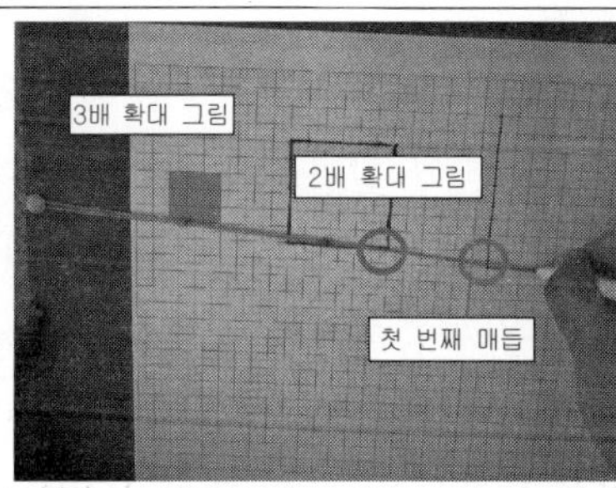
길이와 탄성이 동일한 고무줄 3개를 묶는다.	그림의 윤곽에 첫번째 매듭이 오도록 하여 따라그린다.

※ 두 번째 매듭이 그림의 윤곽에 오도록 그린다면 어떻게 달라질지 예상해보고 왜 그러한 결과가 나올지 논의해본다.

제5절 어디까지 보이나

■ 활동 개요

1. 목표

1) 시선각을 구하기 위한 다양한 방법을 찾기 위해 수학적으로 의사소통 할 수 있다.
2) 실험 결과를 바탕으로 시선각과 시야범위의 관계를 추론해 낼 수 있다.
3) 시야의 범위가 넓은 배를 만들기 위해 필요한 조건을 추측하여 조건에 알맞은 실험을 설계할 수 있다.
4) 주어진 문제 상황을 해결하기 위한 친구들과의 논의 활동 및 협력 활동을 통해 협동심을 기를 수 있다.

2. 내용

본 활동은 일상생활에서 같은 위치에 있음에도 어떤 방향에서는 보이고, 어떤 방향에서는 보이지 않았던 경험을 구체적인 실험을 통해 확인하고 그 원리를 탐구해 볼 수 있도록 하였다. 이를 위해 곰돌이 푸의 이야기 속에서 문제를 인식하고 이를 해결하기 위한 방법을 생각하여 실험을 설계해 보도록 하였다. 먼저 종이컵에 물체가 담겨 있음에도 시선의 각도에 따라 보이는 정도에 차이가 있었던 경험을 통해 종이컵의 수면과 이루는 시선의 각도와 시야 범위 간에 어떠한 관계가 있는지 가설을 설정하고 실험을 통해 가설을 확인해 보도록 하였다. 이를 통해 시야의 범위가 눈으로부터 어떠한 물체에도 막힘없이 직진으로 연결되어 나아갈 수 있는 각도와 관련되어 있음을 인식할 수 있다.

이러한 첫 번째 실험을 통해 알게 된 사실을 보다 다양한 경우에 적용해 볼 수 있도록 배에서 선장이 보이는 시야의 범위를 여러 가지 요인을 고려하여 생각해 보도록 하였다. 이를 통해 자신이 알고 있는 원리를 일상생활에서 경험할 수 있는 여러 가지 문제 상황에 적용하여 해결해 보도록 함으로써 단순히 실험을 통해 하나의 사실을 발견하는 것에서 나아가 수학적 창의성을 통해 문제해결능력을 함양하는데 목적을 두었다.

차시	주요 탐구실험 내용	주안점
1	• 사라진 꿀은 어디에? - 시선각과 시야의 범위의 관계를 실험을 통해 확인하기 - 실험 결과 정리 및 관계 추론하여 발표하기	수학적 의사소통 활동 수학적 추론 활동
2~3	• 꿀단지 운반하기 - 시야가 넓은 배를 운항하기 위한 조건 예상하기 - 조건을 달리하여 시야의 범위를 확인하고 시야의 범위에 영향을 주는 요인 찾기 - 일상생활에서 시야의 범위를 넓히기 위한 다양한 사례를 통해 배운 원리 적용하기	수학적 추론 활동

■ 교육과정과의 연계성

본 활동은 도형과 측정 영역과 관련된 수학실험이다. 학생들이 시야의 범위를 이해하기 위해서는 각에 대한 기본 개념을 이해하고 있어야 한다. 그리고 시야의 범위를 측정하기 위해서는 넓이의 단위 및 넓이를 구하는 방법 등을 이해하고 있어야 한다. 각에 대한 개념 소개는 초등학교 3학년 1학기 3단원 평면도형에서 다루어지기는 하나 각도를 구하는 활동은 4학년에서 다루어지고 있다. 그러나 시야의 범위를 구하기 위해 요구되는 넓이를 구하는 방법은 5학년 1학기

7단원 평면도형의 넓이에서 정사각형의 넓이를 시작으로 여러 가지 사각형의 넓이를 구하는 방법을 다루고 있다. 하지만 시야의 범위를 구하기 위해서는 정사각형과 같이 정형화된 도형이 아닌 곡선으로 이루어진 경계면의 넓이를 구해야 하는 까닭에 6학년 1학기에 다루어지는 원의 넓이를 구하는 방법까지 학습한 이후에 활동하는 것이 바람직할 것으로 보인다.

어디까지 보이나

3-1-3

- ■ 평면도형
  - 각을 알기
  - 직각을 알기

4-1-3

- ■ 각도
  - 각의 크기 비교하기
  - 각의 크기 재기
  - 각도를 어림하고 각도의 합과 차 계산하기

시선각과 시선범위의 관계 찾기

시야의 범위에 영향을 주는 요인 찾기

4-2-5

- ■ 평면도형의 둘레와 넓이
  - 넓이의 단위 $1cm^2$ 알기
  - 여러 가지 도형의 넓이 구하기

5-1-7

- ■ 평면도형의 넓이
  - 여러 가지 사각형의 넓이 구하기

6-1-5

- ■ 원주율과 원의 넓이
  - 원의 넓이 구하는 방법 이해하기

교사를 위한 TIP

- 실을 이용하여 시선각을 측정하기 위해서는 실의 위치를 정확하게 고정해야 하며 시선각을 측정하기 위한 각도기의 사용방법에 대해 학생들과 충분히 논의한 후 시선각을 측정하도록 한다.
- 시야범위가 넓은 배를 만들어 선장의 위치를 달리하여 시야범위를 측정하기 위해 다양한 모양의 배를 만들어서 실험에 활용할 수 있도록 한다.
- 실험에서 모둠원들의 역할을 미리 계획하여 분담하도록 하여 원활한 실험 활동이 이루어지도록 안내한다.

■ 교수-학습 과정안

<table>
<tr><td>활동주제</td><td colspan="3">사라진 꿀은 어디에?(1/3)</td></tr>
<tr><td>학습목표</td><td>1. 시선각과 시선범위와의 관계를 찾아 낼 수 있다.</td><td>학습 자료</td><td>종이컵, 색물, 실, 테이프, 각도기</td></tr>
<tr><td>펀매스 실험과정</td><td colspan="3">교수학습 활동 내용 및 수업의 전개</td></tr>
<tr><td>문제이해</td><td colspan="3">■ 준비 활동(학급 전체 토의)
1) 동기유발 및 과제 제시

곰돌이 푸(pooh)의 소중한 친구인 꼬마 돼지 피글렛(piglet)의 생일이 얼마 남지 않았습니다. 푸는 자신이 가장 좋아하는 꿀을 피글렛의 생일 선물로 줄 생각입니다. 피글렛에게 줄 꿀단지를 정성스럽게 포장하며 이 꿀단지를 보며 좋아할 피글렛 생각에 푸는 행복합니다.
생일잔치를 하고 있습니다. 모두들 피글렛에게 줄 선물을 탁자위에 올려놓았습니다. 푸도 조심스럽게 꿀단지를 내려놓았습니다. 그런데 선물을 본 피글렛은 빈 단지만 주었다고 화를 냅니다. 푸가 다가가 꿀단지를 보니 꿀이 분명 들어 있는데, 피글렛은 왜 자꾸 꿀이 없다며 화를 내는 걸까요?

2) 문제상황 확인
• 주어진 문제 상황의 원인에 대해 토의하기
• 생활 속에서 보는 위치에 따라 보이는 정도가 달랐던 경험 이야기하기
[예시] 자동차에서 앉은 키에 따라서 보이는 정도가 다른 경우, 산 골짜기에서 자신의 위치에 따라 강이 보이는 정도가 다른 경우 등</td></tr>
<tr><td>가설설정</td><td colspan="3">■ 가설설정활동(짝 활동)
• 보는 위치에 따라 보이는 범위가 어떻게 달라질지 예상해 보기
☞ 시선각도를 보는 사람의 시선과 보고자 하는 대상 사이의 각도로 약속하고 보는 위치를 설명하도록 함
• 시선 각도와 시야의 범위와의 관계에 대한 가설설정(학급 전체 활동)

시선 각도와 시야의 범위와 어떤 관계가 있는가?
"시선과 수면 사이의 각도가 ○○○할수록 시야 범위가 넓을 것이다"</td></tr>
</table>

탐구실험	■ 탐구실험활동(짝 활동) • 가설을 확인하기 위한 수학실험을 전체 논의를 통해 계획하고 짝 활동으로 실행하기 ① 종이컵에 물을 담고, 수면 부분의 종이컵 겉면에 테이프로 실을 고정한다. ② 고정한 실을 자신의 눈이 있는 위치에 가져간다. ③ 자신의 위치를 변화시키며(앞, 뒤, 또는 위, 아래) 수면부분과 실사이의 각도를 측정하여 활동지(시선 각도와 종이컵의 물이 보이는 정도)에 기록한다. • 자료를 통해 발견한 내용 정리하기
가설검증	■ 가설검증활동(짝 활동) • 실험 결과를 바탕으로 시선각에 따라 물이 보이는 정도가 어떻게 차이가 있었는지 확인하기 • 가설에서 예측한 것과 일치하는지 확인하고, 일치하지 않을 경우 잘못된 예측을 했던 이유 발표하기
정당화 및 표현	■ 정당화 및 표현활동(학급 전체 토의) • 실험을 통해 발견한 사실을 새로운 상황에 적용해보고, 자신의 생각 발표하기(두 자동차의 사진을 보여주고, 어떤 사진의 자동차가 더 넓은 시야를 확보할 수 있는지 논의하기)

<table>
<tr><td>활동주제</td><td colspan="3">꿀단지 운반하기(2-3/3)</td></tr>
<tr><td>학습목표</td><td>1. 시야의 범위에 영향을 주는 요인을 찾아 넓은 시야를 갖는 배를 찾아낼 수 있다.</td><td>학습자료</td><td>모형배(블럭), 모눈종이, 실, 스카치테이프, 각도기</td></tr>
<tr><td>펀매스 실험과정</td><td colspan="3">교수학습 활동 내용 및 수업의 전개</td></tr>
<tr><td>문제이해</td><td colspan="3">■ 준비 활동(학급 전체 토의)
1) 동기유발 및 과제 제시

생일잔치가 끝나고, 피글렛이 푸에게 부탁을 합니다. 바다건너 섬에 있는 자신의 어머니에게도 이 맛있는 꿀을 보내드리고 싶다고 합니다. 겁많은 피글렛은 바다건너 어머니께 갈 용기가 나지 않는 모양입니다. 용감한 푸는 피글렛에게 약속을 하고, 자신이 직접 배를 운항하여 피글렛의 어머니에게 꿀단지를 전해드리려고 합니다. 조금만 다른 물건에 부딪혀도 꿀단지의 꿀이 엎질러질 텐데 안전하게 꿀단지를 건내 드릴 수 있도록 푸를 도와주도록 합시다.

2) 문제상황 확인
• 내가 배를 운항할 푸가 되었다고 생각하고, 보다 넓은 시야를 확보하여 안전하게 운항할 수 있는 방법에 대해 논의하기(배의 크기, 선장의 위치, 배의 모양 등)</td></tr>
<tr><td>가설설정</td><td colspan="3">■ 가설설정활동(모둠 활동)
• 선장의 시야와 연관되어 있는 것들이 무엇이 있을지 논의하기(전체 활동)
• 선장의 시야와 시야에 영향을 주는 것들(배의 크기, 선장의 위치, 배의 모양 등) 사이에 어떤 관계가 있는지 가설 설정하기(모둠 활동)

선장의 넓은 시야와 배의 크기, 선장의 위치, 기타 논의한 내용과 어떤 관계가 있는가?
“배의 크기가 ○○○할수록, 선장의 위치가 ○○○할수록, ○○○이 ○○○할수록 선장의 시야가 넓을 것이다.”</td></tr>
</table>

가설설정	• 여러 종류의 모형배를 보고, 자신이 설정한 가설에 따라 가장 넓은 시야를 확보할 수 있는 배와 선장의 위치 등을 예상해 보기
탐구실험	■ 탐구실험활동(모둠 활동) • 가설을 확인하기 위한 수학실험을 계획하고 실행하기 ① 모형 배(모형 배가 없을 때는 블록을 이용하여 배모형을 만들어 활용 가능)에 선장의 위치를 임의로 정하고, 실로 묶는다. ② 모눈종이 위에 배를 올려 놓고, 선장의 위치에 묶인 실을 수면(모눈종이)에 닿도록 하고, 수면이 닿는 점을 모눈종이 위에 표시한다(단, 실은 팽팽하게 당겨서 배의 가장자리에 닿도록 한다). ③ 모눈종이 위에 실이 닿는 여러 지점을 표시하여 영역으로 나타낸다. ④ 볼 수 없는 영역의 넓이를 대략적으로 구한다. ⑤ 모형배의 종류별로 볼 수 없는 영역의 넓이를 표로 나타낸다(넓이는 대략적으로 구할 수 있도록 한다). • 자료를 통해 발견한 내용 정리하기
가설검증	■ 가설검증활동(모둠 활동) • 실험 결과를 바탕으로 배 모형의 특징과 선장의 위치에 따라 볼 수 없는 영역의 넓이가 어떠한 차이가 있는지 확인하고, 가설이 참인지 거짓인지 확인한다. "배의 크기가 ○○○할수록, 선장의 위치가 ○○○할수록, ○○○이 ○○○할수록 선장의 시야가 넓어 안전합니다."
정당화 및 표현	■ 정당화 및 표현활동(학급 전체 토의) • 각 모둠별 발표를 듣고, 왜 그러한 결과가 나왔는지 생각하여 발표하기 • 선장이 좀더 넓은 시야를 확보하기 위한 아이디어 발표하기 • 아이디어에 따라 넓은 시야를 갖는 배 구성하여 표현하기

■ 활동지

즐거운 수학 실험

어디까지 보이나

활 동 1 사라진 꿀은 어디에?

• 생각해 보기

곰돌이 푸(pooh)의 소중한 친구인 꼬마 돼지 피글렛(piglet)의 생일이 얼마 남지 않았습니다. 푸는 자신이 가장 좋아하는 꿀을 피글렛의 생일 선물로 줄 생각입니다. 피글렛에게 줄 꿀단지를 정성스럽게 포장하며 이 꿀단지를 보며 좋아할 피글렛 생각에 푸는 행복합니다.
생일잔치를 하고 있습니다. 모두들 피글렛에게 줄 선물을 탁자위에 올려놓았습니다. 푸도 조심스럽게 꿀단지를 내려놓았습니다. 그런데 선물을 본 피글렛은 빈 단지만 주었다고 화를 냅니다. 푸가 다가가 꿀단지를 보니 꿀이 분명 들어 있는데, 피글렛은 왜 자꾸 꿀이 없다며 화를 내는 걸까요?

• 가설 세우기

1. 다음 그림을 보고, 보이는 위치에 따라 보이는 범위가 어떻게 달라질지 생각해 봅시다.

약속 보는 위치를 시선각도란? 보는 사람의 시선과 보고자 하는 대상 사이의 각도

벽을 사이로 벽보다 키가 많이 큰 사람

벽보다 키가 조금만 큰 사람

- **실험 계획**

1. 실험에 필요한 준비물은 무엇이 있을지 생각해 봅시다.

2. 어떤 순서로 실험을 진행할지 생각하여 적어봅시다.

①

②

③

④

• 탐구 실험

1. 시선 각도와 종이컵의 물이 보이는 정도를 기록해 봅시다.

모둠원	시선 각도	종이컵의 물이 보이는 정도
㉮		
㉯		
㉰		
㉱		

2. 측정 결과를 바탕으로 시선 각도와 시야 범위 사이의 관계를 정리해 봅시다.

• 정당화 및 표현

1. 두 자동차의 사진을 보고, 어떤 자동차가 더 넓은 시야를 확보할 수 있는지 논의해 봅시다.

길고 높이가 낮은 자동차　　　길이가 짧고 높이가 높은 자동차

〈나의 생각〉

〈왜 그렇게 생각했나요?〉

활동 2 꿀단지 운반하기

• **생각해 보기**

생일잔치가 끝나고, 피글렛이 푸에게 부탁을 합니다. 바다건너 섬에 있는 자신의 어머니에게도 이 맛있는 꿀을 보내드리고 싶다고 합니다. 겁 많은 피글렛은 바다건너 어머니께 갈 용기가 나지 않는 모양입니다. 용감한 푸는 피글렛에게 약속을 하고, 자신이 직접 배를 운항하여 피글렛의 어머니에게 꿀단지를 전해드리려고 합니다. 조금만 다른 물건에 부딪혀도 꿀단지의 꿀이 엎질러질 텐데 안전하게 꿀단지를 건내 드릴 수 있도록 푸를 도와주도록 합시다.

• **가설 세우기**

1. 푸가 배를 운항하려고 할 때 넓은 시야를 확보하는데 영향을 주는 것이 무엇이 있을지 생각나는 것을 써 봅시다.

2. 선장 푸의 시야와 시야에 영향을 주는 것들 사이에 어떤 관계가 있는지 추측하여 써 봅시다.

〈나의 추측〉

〈왜 그렇게 생각했나요?〉

• **탐구 실험**

1. 여러 종류의 모형배를 보고, 자신이 생각한 추측에 알맞은 배와 선장의 위치를 실험을 통해 확인해 봅시다.

〈실험에서 다르게 할 것들〉

2. 각각의 경우에 측정한 시야의 범위를 기록해 봅시다.

모둠원 번호	다르게 한 조건	시야의 범위(넓이)
㉮		
㉯		
㉰		
㉱		

• **가설 검증**

1. 각 모둠별로 실험한 결과를 발표하고 그 결과를 바탕으로 배의 모양과 선장의 위치에 따라 시야의 범위가 어떠한 차이가 있는지 정리해 봅시다.

• **정당화 및 표현**

1. 시야의 범위가 가장 넓은 배 모형과 선장의 위치를 만들어 어떠한 원리를 적용하여 만들었는지 발표해 봅시다.

〈어떠한 점을 고려하여 만들었는지 적어 보세요.〉

참고자료

가. 1차시 자동차 사진 예시

〈출처 : 한불모터스(주)〉	〈출처: http://blog.naver.com/greatboy83? Redirect=Log&logNo=110002874756〉

나. 2~3차시 모형배를 이용하여 시야의 범위(넓이)구하기

1) 모형배를 이용하여 시야의 범위 구하는 방법 [예시]

① 모형 배에 선장의 위치를 임의로 정하고, 실로 묶는다.	② 모눈종이 위에 배를 올려 놓고, 선장의 위치에 묶인 실을 수면(모눈종이)에 닿도록 하고, 수면이 닿는 점을 모눈종이 위에 표시한다. (단, 실은 팽팽하게 당겨서 배의 가장자리에 닿도록 한다.)

참고문헌

교육과학기술부(2009). 2007 개정 초등학교 교육과정. 서울: 대한교과서 주식회사.

권보영 · 이광호(2010). 수학실험 학습을 위한 과제개발 및 적용–측정 영역을 중심으로–. 초등교과교육연구, 12, 105-144.

김경자 · 이경진 · 유솔아(2005). 창의성 증진을 위한 초등수학 교육과정 개발의 실제. 서울: 교육과학사.

김광수 · 정완호(1996). 생물 실험 지도에 있어서 가설 검증 수업모형의 적용효과. 한국과학교육학회지, 16(4), 365-375.

김부윤 · 이지성(2005). 수학적 창의성의 평가방안에 대한 모색. 한국학교수학교육학회논문집, 8(3), 327-341.

김홍권(2003). 창의성 발현 요인에 대한 중등교사의 인식연구. 교육종합연구, 1(2), 17-34.

양희선(2008). 피드백을 활용한 과학실험 수업 모형의 개발 및 적용. 공주대학교 박사학위논문.

이동호(2012, 3월 19일). "비판 · 협업 · 디지털 등 21세기 스킬 배워야". 포커스 신문 http://www.fnn.co.kr/content.asp?aid=50caa6fd23e840f885e58ca01f39f80c

이혜숙 · 민선희 · 김민경(2012). 수학창의성에 대한 초등교사들의 인식. 수학교육, 51(4), 337-349.

정은이(2002). 일상적-전문적 창의성의 암묵 이론적 구조. 교육심리연구, 16(4), 147-167.

정재룡(2000). 구성주의적 수업이 초등학생의 과학개념 및 탐구능력에 미치는 효과. 한국교원대학교 석사학위논문.

최준환 · 박춘성 · 연경남 · 민영경 · 이은아 · 정원선 · 저시연 · 차대길 · 허준영 · 임청묵(2009). 인성교육의 문제점 및 창의인성교육의 이론적 고찰. 창의력교육연구, 9(2), 89-112.

齊藤昇(1999). 數學教育における創造性：に關する態度尺度の開發. 全國數學教育學會誌, 數學教育硏究, 5, 35-46.

Bolden, D. D., Harries, T. V., & Newton, D. P.(2010). Pre-service primary teachers' conceptions of creativity in mathematics. *Educational Studies in Mathematics*, 73(2), 143-157.

Csikszentmihalyi, M.(1988). Motivation and creativity: Toward a synthesis of structural and energistic approaches to cognition. *New Ideas in Psychology*, 6, 159-176.

Haylock, D. W.(1987). A framework for assessing mathematical creativity in school children. *Educational Studies in Mathematics*, 18(1), 59-74.

Krutetskii, V. A.(1976). *The psychology of mathematical abilities in school children*. The University of Chicago Press.

Mann, E. L.(2006). Creativity: The essence of mathematics. *Journal for the Education of the Gifted*, 30, 236-260.

Newell, A., Shaw, C., & Simon, H. A.(1962). The Process of creative thinking. In H. E. Gruber, G. Terrell, & M. Wertheimer(Eds.), *Contemporary approaches to creative thinking*(pp. 153-189). New York: Pergamon.

Sternberg, R. J.(2000). *Practical Intelligence in everyday life*. Cambridge: Cambridge University Press.

Treffinger, D. J., Young, G. C., Selby, E. C., & Shepardson, C.(2002). *Assessing Creativity: A guide for educators(pp. 31-47)*. Washington D.C.: National Research Center on the Gifted and Talented.

Weisberg, R. W.(2006). *Creativity-understanding innovation in problem solving, science, invention, and the arts*. NJ: Wiley.

찾아보기

저자 소개

김민경
Iowa State University Ph.D
(현) 이화여자대학교 초등교육과 교수

김혜원
이화여자대학교 박사과정 수료
(현) 서울태랑초등학교 교사

민선희
이화여자대학교 박사과정 수료
(현) 레고코리아(주) 레고에듀케이션 교육&개발 매니저

박윤미
이화여자대학교 박사과정
(현) 서울상현초등학교 교사

박은정
이화여자대학교 박사과정 수료
(현) 금계초등학교 교사

허지연
이화여자대학교 박사과정 수료
(현) 시흥신일초등학교 교사

초등수학 실험시리즈 ⑤
수학적 창의성 증진을 위한 **수학 실험 수업 지도서**

2014년 2월 15일 초판 인쇄
2014년 2월 20일 초판 발행

저 자 / 김민경 · 김혜원 · 민선희 · 박윤미 · 박은정 · 허지연
발행자 / 오판근
발행처 / 교우사

주 소 / 서울특별시 동대문구 약령시로 8 교우빌딩 2층
전 화 / 925-2861(代), 편집부 / 925-2825
팩 스 / 925-2860

E-mail / kyowoo@kyowoo.co.kr
http://www.kyowoo.co.kr

등록 / 1994. 3. 24 제6-0256호

ISBN 979-11-251-0009-6 (94410)
978-89-8172-818-2 (세트)

값 15,000 원